Os fios da infância

Instituto Phorte Educação
Phorte Editora

Diretor-Presidente
Fabio Mazzonetto

Diretora Administrativa
Elizabeth Toscanelli

Editor-Executivo
Fabio Mazzonetto

Conselho Editorial
Francisco Navarro
José Irineu Gorla
Marcos Neira
Neli Garcia
Reury Frank Bacurau
Roberto Simão

Ángeles Abelleira Bardanca
Isabel Abelleira Bardanca

Os fios da infância
InnovArte Educação Infantil

Prêmio Marta Mata de Pedagogia 2016

Tradução: Tais Romero

São Paulo, 2018

Título original: *Los hilos de infantil*
Copyright © 2016 by Octaedro Editorial
Os fios da infância
Copyright © 2018 by Phorte Editora

Rua Rui Barbosa, 408
Bela Vista – São Paulo – SP
CEP 01326-010
Tel.: (11) 3141-1033
Site: www.phorte.com.br
E-mail: phorte@phorte.com.br

 Nenhuma parte deste livro pode ser reproduzida ou transmitida de qualquer forma, sem autorização prévia por escrito da Phorte Editora.

Dados Internacionais de Catalogação na Publicação (CIP)
Angélica Ilacqua CRB-8/7057

B222f

Bardanca, Ángeles Abelleira
 Os fios da infância / Ángeles Abelleira Bardanca, Isabel Abelleira Bardanca ; tradução Tais Romero. - São Paulo : Phorte, 2018.
 224 p. : il.

ISBN: 978-85-7655-726-5
Título original: Los hilos de infantil

1. Educação infantil 2. Teoria e prática pedagógica - Educação infantil I. Título II. Bardanca, Isabel Abelleira III. Romero, Tais.

18-2024	CDD 372
	CDD 372

---

ph2446.1

 Este livro foi avaliado e aprovado pelo Conselho Editorial da Phorte Editora.

Impresso no Brasil
Printed in Brazil

A Manolo e Lina, nossos pais, por nos ensinar
que é a educação que nos faz melhores.

A utopia está *lá* no horizonte. Me aproximo dois passos, ela se afasta dois passos.
Caminho dez passos, e o horizonte corre dez passos.
Por mais que eu caminhe, jamais alcançarei.
Para que serve a utopia? Serve para isso: para que eu não deixe de caminhar.
Eduardo Galeano

As experiências relatadas nesta publicação foram realizadas com diferentes turmas de alunos (2009/2016) dos centros CEIP A Maía e EEI Milladoiro, em Ames, na província da Corunha (Espanha).

Apresentação

Nós podemos reinventar o mundo, disse Paulo Freire.

Com este livro, as autoras Ángeles e Isabel Abelleira estão nos dizendo: nós podemos reinventar a escola.

Sim, podemos reinventar a escola, que formará pessoas, que, por sua vez, poderão transformar o mundo.

A escola precisa ser um espaço de construção de conhecimento, de esperança, de aprendizagens significativas, de histórias compartilhadas. A escola precisa ser um lugar de vida.

O livro *Os fios da infância* faz um convite aos educadores: costurar uma manta simbólica, fio a fio, alinhavando a teoria e a prática, a vida dentro e fora da escola, a natureza, a cidade, as famílias, os professores, a cultura, a arte, a poesia, a amizade, os sentidos, as descobertas, a pesquisa, os cheiros, as vozes, as brincadeiras, o tempo e a infância. Nenhum sentido passa despercebido, desde o cheiro de um dia de sol, depois de muitos dias de chuva, até uma cerimônia de despedida do verão.

Cada capítulo do livro é um fio de esperança. E, mais uma vez, lembro-me de Paulo Freire:

"É preciso ter esperança, mas tem que ser esperança do verbo esperançar, porque tem gente que tem esperança do verbo esperar. E esperança do verbo esperar não é esperança, é espera. Esperançar é se levantar, esperançar é ir atrás, esperançar é construir, esperançar é não desistir! Esperançar é levar adiante, esperançar é juntar-se com outros para fazer de outro modo."

Esperançar uma escola que respeite o tempo da infância, que seja habitada por pessoas que acreditam, que valorizam, que reconhecem a potência das crianças.

Esperançar uma escola que dê tempo, que tenha tempo e que seja tempo de viver a infância.

Que este livro seja o fio condutor de novas e boas práticas; que seja inspirador e provocador de outras ideias, de outras mantas e de outros fios.

Tais Romero
Pedagoga; mestranda em Educação: Formação de Formadores
pela Pontifícia Universidade Católica de São Paulo

Prólogo 1: abelhas tecelãs

Ao ler este precioso livro, não pude evitar que me escapassem algumas lágrimas. Mas foi um choro feliz, que veio da presença vívida das autoras, Ángeles e Isabel, e de suas palavras, suas invenções e seu criativo viver a escola compreendendo cada menino e cada menina como pássaros silvestres, como camélias perfumadas.

O fato é que a leitura me encheu de emoção e não quero que acabe esse calor esperançado, nem que me roubem dos olhos essas lágrimas felizes. Assim, lembrarei que é preciso anunciar este livro, apregoá-lo, proclamá-lo, propagá-lo, estirá-lo, porque eu pressinto uma séria missão: ele deve alcançar muitos professores, acender-lhes ou reavivar-lhes a faísca do sonho pedagógico, fazê-los olhar para as crianças uma por uma, tocá-los por dentro.

Quando me pediram que o apresentasse ao mundo, eu pensava que seria uma coisa mais tranquila escrever este prólogo. É que eu não sabia que o livro era um vulcão soberbo e apaixonante. Não sabia ainda, mas ao ler e reler, foram despertando em mim sentimentos, conexões, sonhos, memórias, desejos... E eu estou bastante comovida.

Contudo, não vou esperar recuperar a calma para falar dele. Prefiro manifestar claramente que este texto, repleto de experiências e de conhecimentos acumulados, vale a pena, e muito, por suas ideias brilhantes, suas lindas imagens, suas críticas contundentes, suas reflexões realistas, sua abertura, seu amor à natureza e à cultura, e pelo trabalho duro, tenaz e delicado que o sustenta. E, assim como eu o vejo, assim vou contá-lo.

As autoras são duas professoras-abelhas, aplicadas a criar mel e crianças, a cobri-las com suas mantas coloridas, a amá-las com força e fidelidade, a envolvê-las com seus fios de liberdade e de aprendizagem. Elas pensam por si mesmas, com a segurança que vem do saber o que querem, com a sensibilidade de entender e de estar perto da infância, e não das obrigações sem sentido que aceitamos e que, às vezes, esmagam-nos. Elas pensam fora dos padrões preestabelecidos, das práticas grandiloquentes, das modas pedagógicas em uso, e estão à frente dos tópicos, dos estereótipos, dos costumes rotineiros, das tarefas vazias. Elas pensam em favor dos meninos e das meninas, da beleza, das famílias, da vida real, da ilusão de acompanhar o crescimento e as descobertas dos outros.

Elas elaboraram um texto no qual não somente estão ocultas elas mesmas com suas sensibilidades intuitivas e sagazes, sua cumplicidade de irmãs tecelãs e seus corações inquietos e afetuosos, mas, também, as crianças, com suas curiosidades, seus olhos atentos e sua vitalidade; as famílias, com sua colaboração sempre oportuna; e um ambiente institucional que tem sido capaz de reconhecer, valorizar e abrigar esta magnífica obra, como foi demonstrado ao dar-lhes um prêmio importante e significativo, o Prêmio Marta Mata de Pedagogia, da Associação de Professores Rosa Sensat.

Tive a sorte de conhecer Marta Mata e de compartilhar com ela conversas e recordações, e acredito que, se ela tivesse tido a oportunidade de estar nas escolas das irmãs Abelleira, teria ficado muito orgulhosa. Ela sabia encontrar a autenticidade nos processos, nas ideias e nas pessoas, e, seguramente, teria sentido o cuidado que as autoras deste livro aplicam ao seu trabalho, aos seus alunos, à sua ocupação educacional. Ela teria gostado de ver como a cultura pode se tornar maleável para estar à disposição das crianças; como as palavras podem ser colocadas em potes para utilizarmos como temperos saborosos quando precisamos deles; como os morangos podem crescer dentro de botas, à base de terra e de irrigação carinhosa; como a urdidura da escola pode sustentar um tecido feito de crianças, de famílias, de professores, de saberes e de afetos compartilhados.

De fato, no início aparece um conceito de urdidura no qual se descreve um modo de entender a educação que pode levar a nós, professores, a pensar, a matizar, a aprofundar, a comparar com nossa realidade e a debater com os colegas, uma vez que isso não é outra coisa senão um convite a criar nossa própria urdidura ou modelo educacional.

Para cumprir adequadamente a obrigação de escrever este prólogo, a qual compartilho com minha querida amiga Beatriz Trueba, com quem tenho aprendido tanto, direi, também, que o livro não tem declarações vazias, neutras, nem simples. Quando as autoras dizem que cada criança é como uma nova manta a ser tecida com os fios pertinentes, fazem isso muito bem, com seu trabalho de estar com elas e vê-las crescer, avançar, mudar e melhorar a olhos vistos, perante si mesmas e os demais.

Quando dizem que a escola tem que mostrar sua cara à comunidade: culta, inteligente, profissional e aberta, fazem isso muito bem, com seu aprofundamento nas nuances das palavras, nos poemas espalhados pela cidade, nas pesquisas e no rigor da sua tarefa, seja em relação ao tempo, ao teatro, à arte, às histórias ou ao cuidado com as abóboras.

Quando dizem que não acreditam nos "programas e manuais de emoções", fazem isso muito bem, com seu trabalho sobre os inícios e os términos, sobre a valorização das recordações, do que é pessoal, da comunicação, da escuta ativa, dos parceiros secretos, do catálogo de beijos, da descrição de cada criança colocada dentro de uma garrafa ou de uma caixa decorada, para que a conheçam melhor na escola de ensino fundamental...

Quando dizem que, na escola, nem tudo deve ser uma atividade pedagógica, fazem isso muito bem, com suas brincadeiras, com suas agradáveis exposições de arte, suas fotos, suas sombras, seus lanches com pão de milho ou de sementes de girassol, e suas excursões cheias de vida, de observação e de alegre convivência.

Essas Abelleiras falam do outono, dos sessenta dias de chuva, da traça que comeu a cadeira, do cheiro do livro, do sonho, da vida... Falam da casca das árvores, de medir, pesar, pintar. Falam das palavras de mel, dos ninhos de palavras, do amido de milho e do galinho de Portugal. Falam de viver a cotidianidade sem desperdiçar as ocasiões que ela nos dá e que tanto nos fazem aprender e dar sentido às coisas, como quando se fala do sentido da floresta queimada, das histórias "de boca", da visita ao Paço, do aniversário etc.

Tocaram-me especialmente as metáforas alusivas a fios, que dão nome a cada capítulo, os títulos das atividades e as maneiras originais e afetuosas como as crianças aprendem a agradecer, a cumprimentar, a sorrir, a se despedir.

Tocou-me que, na escola, pode-se "simplesmente desfrutar", bem como o trabalho sobre a aceitação não somente das diferenças, mas, também, dos desastres, e a doce maneira de "escutar com o coração".

Tocaram-me as fotos, todas, mas, sobretudo, as dos morangos crescidos nas botas, as das camélias, as dos livros de papelão, as das esculturas de pedras com seus nomes, as dos guarda-chuvas quebrados, as dos segredos...

Tocaram-me a arte, as palavras, as pegadas, as chaves e as rosquinhas de anis.

Acredito que se poderia dizer que este é um livro *elástico*, que é como as autoras nomeiam as atividades que dão de si, que esticam, que nunca se acabam, que parecem ter vida própria.

Um livro *elástico* que seguramente se plantará como inspiração em quem o ler, germinando pouco a pouco para ajudar cada professor a encontrar seu próprio caminho inovador.

Um livro *elástico* que dará tanto de si como essas professoras têm dado de si ao nos presentear com seu reluzente tecido.

Um livro *elástico*, colhido de dentro para fora, colhido por duas abelhas que encontraram as chaves de seu maravilhoso ofício.

E eu me alegro em ser parte dele.

E agradeço por isso.

Mari Carmen Díez Navarro

Prólogo 2: professoras-leques

Ao final do mundo conhecido, a terra se junta ao infinito e observa o mar.

Peregrinos de todo o mundo, guiados pelas estrelas, passam a venerar as relíquias de um grande santo druida. Depois de percorrerem milhares de quilômetros e um pouco antes de chegarem a seu destino, passam pela porta de algumas escolas: ali, todos os dias, as crianças os veem passar e os cumprimentam, felizes e curiosas. Nelas acontecem coisas maravilhosas. As crianças são conduzidas por duas magas urdidoras de sonhos, guardiãs de chaves que abrem portas, que guiam por terrenos do conhecimento e da vida. Chamam-se Ángeles e Isabel. Com a maestria que somente os sábios conhecem, tecem, a cada dia, com as crianças, uma manta multicolorida, criada com a memória das experiências, do vivido, do aprendido, com as histórias do coração que unem e conectam a todos como uma tribo, que as agasalham com o calor do afeto mútuo, do olhar atento. Símbolos ao mesmo tempo sensíveis e potentes são seu emblema e sua bandeira.

Quando começa a ler o livro que tem em mãos, o leitor já toma parte do jogo que, com força sutil, o inclui como espectador e participante, o seduz com a magia do que é (aparentemente) simples. Com o doce vai e vem do ruído do tear, vemos aparecer diante dos nossos olhos cada uma das histórias, dos fios que formam este livro.

Ligadas pela coerência própria do bem fazer profissional, em que o que se faz está em íntima conexão com o que se diz, com o que se pensa e com o que se sente, o livro vai narrando acontecimentos significativos, experiências de vida, como dizem suas autoras, na história cotidiana de diferentes grupos de crianças que compartilham um ciclo escolar dos 3 aos 6 anos, em dois centros públicos de educação infantil únicos e com características diferentes em seu contexto, ambos próximos a Santiago de Compostela.

Assim, conhecemos, em forma de pequenas histórias, como se homenageia o dente que caiu; como se organiza um mercadinho de troca; acompanhamos as crianças na visita ao Paço do Sol e da Lua e a simbólica criação da árvore do amor; como celebram cada aniversário com o nascimento de uma obra de arte única e pessoal; como elogiam os atributos dos colegas com mensagens em garrafas; como estudam e propõem nomes a ruas que ainda não existem (em um anelo floral para um entorno árido e de cimento); como se conectam ao mundo libertando poemas; como se planeja cuidadosamente a visita ao ateliê do escultor Ramón Conde; como se criam elos entre o passado e o futuro em forma de esculturas simbólicas, potentes *milladoiros*, símbolos de grupo, de crescimento e de conexão;[1] ou como as crianças se convertem em colhedoras de palavras, em catalogadoras de beijos; como se compartilha a leitura do manual do bom passeador, seguindo os conselhos do seu autor de não ter pressa e de deleitar-se. Admirar nuvens, capturar sombras e raios de sol, transformar em arte, em poesia e em investigação a experiência de viver 60 dias de chuva, e, como a espiral da vida que se estende, nascem o que elas denominam de "experiências elásticas"...

Assim, depois, seguindo os itinerários que nos propõem as surpresas do dia a dia: os guarda-chuvas abandonados são transformados em uma explosão de cor e de beleza; as botas, em vasos de morangos; as tempestades e as ondas, em uma interação com a música, com as telas japonesas, com a poesia e a pintura, transformando o medo e o susto dos raios e dos trovões em investigações sonoras... e quando, por fim, chega o dia em que a luz volta, conhecemos como se venera o sol em uma homenagem em forma de obras de

---

1 N.E.: alusão a uma das teorias acerca da origem do nome O Milladoiro, localidade em que trabalham as autoras do livro, segundo a qual os romeiros depositavam ali uma pedra que traziam consigo, formando assim um ajuntamento de pedras.

arte únicas e pessoais. Finalmente, como chave de ouro, visita-se o Museu da Cidade de Santiago e participa-se nele como artistas, com obras que expressam 60 dias de chuva, 60 modos de chover, 60 palavras para chamar a chuva. Isso dá força e reivindica que um museu seja porta-voz das crianças e de suas obras, fazendo-as dialogar com as de reconhecidos artistas, no mesmo nível, mostrando, assim, aos visitantes as enormes capacidades da infância.

"Experiências elásticas" conectadas por "professoras-leques" que abrem e não fecham, que sabem dar luz, projetar, multiplicar por meio da curiosidade e do fascínio, a potencialização das cem linguagens expressivas que a vida nos dá a cada dia.

No acompanhamento emocionado do caminho de aprender a viver, surpreende-nos ver como as crianças e suas professoras aprendem a ser melhores a cada dia, a fazer, a compartilhar; a quantidade de recursos, que, de forma natural, saem das mãos de suas "guias dos territórios da felicidade" (V. Arnaiz): literários, científicos, de escultura, de pintura, de poesia, de teatro, de música... Integradas de um modo tão fluido na cotidianidade de suas vidas, longe das atividades artificiais escolares tão em voga, das saídas didáticas, dos "Dias de" e das histórias curriculares... tão habituais nas escolas de hoje, desprovidas de vida e de sentido, diante do que tão sensatamente nos alertam as autoras.

É, também, um jardim das sensações, para escutar as boas narrativas que encantam, lidas, mas também contadas "de boca", uma escola que ouve e escuta, que cheira e toca, que saboreia e que tem sabor, que aprecia a merenda como tempo precioso para conversar e abrir os sentidos, que cheira a pão de milho, a sementes de girassol, que faz degustação de uvas e mostos... Escola onde também se "trabalha com o nariz" e onde ele cheira um livro, um ramo de lavanda, um punhado de café ou um colega... E onde se aprende que o tato é muito mais que um sentido externo, pois também entra em ação quando nos colocamos na pele do outro...

É emocionante quando as vemos deixar a educação infantil já com "a manta feita", e todo o complexo processo de apresentação de suas credenciais ao fundamental I, entre o anseio pelo novo, pelo tornar-se maior, e a nostalgia do que se deixa para trás. Também deixar de ser pequenas, experiências que não voltarão, um cartão de visitas de si mesmas em forma de uma obra de arte e um presente sensível, um prisma colorido, para que a professora que as espera possa conhecê-las melhor, para ser algo além de um frio e inerte nome em um arquivo.

É um livro que surpreende do princípio ao fim, que prende e seduz, que não se pode deixar de ler. Nós, que conhecemos o trabalho de Ángeles e Isabel Abelleira pelo *blog* InnovArte, temos lido e compartilhado muitas dessas experiências. Contudo, vê-las em forma de livro concede a elas um sentido novo, porque as conecta e nos oferece a oportunidade de ser espectadores e participantes por meio da linda metáfora da manta multicolorida tecida por mil fios de experiências cotidianas, em duas escolas de educação infantil, por duas grandes profissionais. É uma sorte para todas as pessoas que estão relacionadas com o mundo educativo receber a grata notícia e o acerto na concessão do Prêmio Marta Mata a esta obra e suas autoras, e, também, à sua trajetória profissional meticulosa, coerente e inovadora, que culmina com a publicação deste livro, tão interessante quanto necessário.

Destacaria, em particular, a íntima conexão que entrelaça todos os fios da manta, todas as experiências narradas com base nos princípios de ação que a sustentam.

Por um lado, a ação da escuta, de todos e de cada um dos alunos, com a riqueza de serem pessoas únicas e diferentes, a começar pelo enorme respeito à cultura da infância, pela forma natural de ser e de se expressar das crianças; escutar o outro com o coração e olhar com bons olhos a quem temos diante de nós; ter em conta esse "piso de baixo", nas palavras de Mari Carmen Díez, lugar simbólico das emoções e dos anseios, com a rara sensibilidade da professora que procura não invadir em excesso, para deixar que flua a rica e sutil forma de expressão das crianças. Por outro lado, a escuta também em um sentido amplo, de acordo com Vea Vecchi, em atitude empática que se estende a todos os setores do entorno das crianças: as famílias, que estão presentes em todos os processos, conhecendo e participando, levando em conta suas palavras e seus gestos, como coparticipantes do processo educativo, e, também, a todo o entorno da escola, integrando de modo natural o que vem de fora para dentro e tornando visível o que se faz de dentro para fora, ao deixar marcas em numerosas ações no ecossistema da comunidade.

Ensinam-nos a profundidade que existe nas relações cotidianas, a importância do detalhe, da escolha sensível que determina uma atitude ética e estética, de saber valorizar o que nos chega a cada dia, que o pequeno é grande, a importante conexão entre o fundo e a forma, e, muito em especial, ensinam-nos que não é preciso buscar os valores em ações extraordinárias, fora do contexto, pois se revelam a partir da ação diária cheia de sentido, que parte da curiosidade, da sensibilidade e do faro investigativo.

Integram, de modo natural, a incorporação e a força dos símbolos, bem como a criação destes em diversos atos e intervenções artísticas, com as mais diversas fontes de inspiração, demonstrando um profundo conhecimento e domínio da amplitude da nossa cultura, ao longo do tempo e do espaço, também no uso e na proposta de diversas técnicas de criação. Mostrar, ampliar horizontes, ser conexão e antena amplificadora de tudo o que é e tem sido é uma forma brilhante e apaixonada de ser professora, de fazer o mundo entrar na escola e de tirar a escola do próprio mundo, devolvendo, por sua vez, ao exterior em forma de arte e que, também, tudo tenha profundo sentido e ressonância simbólica para os seus criadores. Um belo exemplo de como as palavras arte e beleza podem, e devem, estar presentes em nossas escolas, contaminando alegremente as ações cotidianas.

Porque este livro é gerador de uma saudável transgressão... Em tempos de tecnocracia, quando a qualidade se mede pelo produto e pelo valor material das coisas, quando se rouba o tempo por pressa, é muito valente levantar, mostrar e defender a prática de uma escola não neutra, meticulosa, cheia de qualidades e de calor, pública e para todos, que compense desigualdades sociais e culturais, profundamente humana, bússola para os caminhos da vida e do conhecimento, afastada de objetivos e programações absurdos que norteiam a ação; uma escola que parte das crianças e para as crianças, que valoriza os processos, que se distancia do fazer por fazer e nos recorda que toda ação começa no pensamento. Nas palavras de suas autoras, "que nem tudo o que se faz em sala deve forçar uma atividade".

Uma escola forte, de professoras e crianças fortes e capazes, que respeita os tempos longos e tranquilos que crescer requer, e está comprometida com sua comunidade e com o mundo, com uma ideologia educativa, com vocação investigadora, amante da ciência e da arte, que se alimenta de beleza e a gera, afastada de clichês e estereótipos; que demonstra que os materiais didáticos são algo aberto e nada têm a ver com as tristes apostilas tão em voga; que documenta, analisa e compara. Uma escola que, ao mesmo tempo que incorpora dados e resultados com objetividade e investigação formal, desfruta da subjetividade de sentir a arte e as emoções, e deleita-se com ela. Porque o que importa de verdade não é visível aos olhos, e o amor aos demais, ao conhecimento e à vida é uma força poderosa que se estende e retorna multiplicada.

Um livro que deixa marcas. Na memória e no coração. Que cala profundo dentro de nós, porque nos fala do que significa ser humano. Do que nos importa de verdade. Como nos recordam suas autoras: aprender a viver, a conhecer, a ser e a fazer. Porque educar é uma tarefa compartilhada, e ser generoso é pensar nos demais sem esperar nada em troca. Porque escutar é muito mais do que ouvir, e o respeito e a riqueza da diferença não são apenas palavras bonitas sobre o papel, e sim algo que se aprende desde pequeno e no pequeno de cada dia, na coerência do fazer cotidiano e na profunda sabedoria do senso comum. Por fim, o que nos lembra e ensina este grande livro é superar os clichês, transgredir o comumente aceito, o que nos é dado. E tudo isso com base na aparente simplicidade, que somente surge de dentro para fora, como uma perfeita espiral de luz e sabedoria, em um caminho guiado pelas estrelas.

Beatriz Trueba Marcano

Sumário

Introdução: a tecelã de mantas 23
Os elementos básicos 25
Começo do trabalho 33
Fio 1. Crescendo 37
Fio 2. Guardando lindas recordações 45
Fio 3. Cravando os pés na terra 53
Fio 4. Admirando a beleza cotidiana 65
Fio 5. Dialogando com a arte 69
Fio 6. Projetando-nos na comunidade 85
Fio 7. "Abrindo a boca" e saboreando a vida 91
Fio 8. Destampando o nariz 99
Fio 9. Escutando com o coração 111
Fio 10. Pensando com a pele 115
Fio 11. Medindo o pulso do tempo 121
Fio 12. Contando histórias da vida 135
Fio 13. Brincando de ser (outros) 143
Fio 14. Soltando a língua 147
Fio 15. Escutando a experiência 155
Fio 16. Desvendando mistérios 163
Fio 17. Saindo para a vida real 171
Fio 18. Sendo gente pequena 181
Fio 19. Manifestando gratidão 189
Fio 20. Deixando marcas 197
Fechamento do trabalho 205
A manta finalizada 213
Epílogo 217
As tecelãs 221

Introdução: a tecelã de mantas

Certa vez, ao observarmos o tear de uma tecelã, ficamos fascinadas com as mantas elaboradas com fios que ela mesma preparava e tingia. Cada uma daquelas mantas ou cobertores era diferente das outras, embora ela usasse os mesmos elementos e fossem do mesmo tamanho. Observadas com atenção, notava-se que não seguiam nenhum desenho, nenhum padrão e, ainda assim, as combinações de cores acabavam compondo lindas manchas, dignas da paleta de um pintor. Ela nos disse que nunca fazia uma igual à outra, já que as meadas que utilizava, como tinham sido tingidas artesanalmente, saíam de maneira inesperada, e, na hora de combinar os fios, uma cor chamava a outra. Mesmo que lhe pedissem, negava-se a repetir o mesmo esquema de cores, já que, para ela, cada manta era uma criação única. Assim, por exemplo, em algumas, o verde predominava, e, em outras, eram as nuances que se complementavam ou se destacavam das outras cores. Sua sensibilidade, seu sentido estético e sua experiência eram decisivos.

Apesar disso, o que convertia essas mantas em objetos de desejo era a sensação de calor que emanavam. Somente de vê-las, a pessoa sabia que, ao cobrir-se com qualquer uma delas, poderia superar o cansaço, os contratempos, o mal-estar, a escuridão ou os medos, saindo reconfortada e curada.

Maravilhou-nos sobremaneira esse trabalho tão artesanal, tão criativo e com tantas marcas pessoais, resultantes – seria possível dizer – da filosofia de trabalho que estava por trás de tudo aquilo. Por alguns momentos, fantasiamos sobre o que seria dedicar-nos à tarefa de tecer, até que nos demos conta de que, no fundo, pouca diferença tinha do que nós fazíamos: de fato, cada turma de crianças era como uma manta que íamos tecendo ao longo de três anos. Depois de quase três décadas dedicadas à docência na educação infantil, já tecemos muitas mantas, mas, se os detalhes forem observados, é possível que sempre se encontrem os mesmos fios coloridos, certas vezes mais monocromáticos, em outras, mais coloridos.

Com certeza, poderíamos ter estabelecido um paralelismo entre nosso desempenho na escola de educação infantil e outros muitos trabalhos artesanais, mas foi muito tentadora a combinação dos mesmos fios coloridos, sempre alcançando criações diferentes. Assim, decidimos nomear este livro *Os fios da infância*, já que, em nossa trajetória docente, existem algumas constâncias que, como os fios, foram tecendo cada uma das atividades profissionais realizadas. Não intencionamos forçar uma semelhança atribuindo cores, então, apenas apontamos vinte fios e esperamos que cada pessoa os associe à cor que deseje, e, assim, teça sua própria manta.

O que reunimos aqui são algumas das experiências escolares realizadas nos últimos anos com alunos do segundo ciclo de educação infantil de centros públicos galegos. A maior parte delas fomos mostrando no *blog* InnovArte Educación Infantil, criado em janeiro de 2010, que contém muitos outros temas relacionados à educação da infância. Ao longo de sua existência, o *blog* recebeu milhares de visitas, sendo especialmente valorizadas as atividades feitas em sala. Para as pessoas que, como nós, ainda são da "era Gutenberg", amantes dos livros, o *blog* foi uma oportunidade inesperada, mas não sabemos o que acontecerá com o que foi escrito na internet, de modo que acreditamos que a publicação em papel seja o melhor tributo que podemos render ao InnovArte e aos nossos seguidores. Apesar disso, *Os fios da infância* pode ser considerado um livro enriquecido, já que, depois da descrição de cada uma das experiências, poderá ser feita uma conexão com o *blog*, por meio da qual os leitores terão condições de ampliar as informações fornecidas, ver galerias de imagens e ter acesso a documentos anexos.

Ainda que continuemos utilizando a terminologia do tear, este não é um livro sobre a teoria do tecer, nem sobre a história das mantas, nem uma investigação ou um estudo, tampouco sobre esses âmbitos na educação. Trata-se apenas de mostrar algumas das mantas que temos tecido com nossos alunos em nossa profissão.

Os elementos básicos

Os fios

Ao longo dos anos de trabalho, tivemos que nos adaptar a tantas mudanças de terminologia curricular e a tantas alternativas inovadoras distorcidas pelo mercado que não utilizaremos denominações como competências, objetivos gerais ou específicos, áreas, trabalhos por projetos, sequências, unidades nem tantas outras que já não remetem à ideia com que foram concebidas. Também consideramos que as experiências de vida que relataremos poderiam ter acontecido em qualquer escola, ainda que não compartilhemos currículo, leis de educação e nomenclaturas iguais, porque crianças são crianças, pensam como crianças e desfrutam aprendendo aqui ou em outros lugares distantes. Em todas as partes, tentamos transmitir nossas conquistas como pessoas.

Os fios são os eixos que, a nosso entender, deveriam orientar a prática da educação infantil. Assim, propomos vinte fios que, talvez, poderiam reduzir-se ou ampliar-se, mas, para nós, cada um deles tem importância suficiente:

Fio 1. "Crescendo"
Fio 2. Guardando lindas recordações
Fio 3. Cravando os pés na terra
Fio 4. Admirando a beleza cotidiana
Fio 5. Dialogando com a arte
Fio 6. Projetando-nos na comunidade
Fio 7. "Abrindo a boca" e saboreando a vida
Fio 8. Destampando o nariz

Fio 9. Escutando com o coração
Fio 10. Pensando com a pele
Fio 11. Medindo o pulso do tempo
Fio 12. Contando histórias da vida
Fio 13. Brincando de ser (outros)
Fio 14. Soltando a língua
Fio 15. Escutando a experiência
Fio 16. Desvendando mistérios
Fio 17. Saindo para a vida real
Fio 18. Sendo gente pequena
Fio 19. Manifestando gratidão
Fio 20. Deixando marcas

Se conseguirmos que os pequenos apreciem suas conquistas, descubram os outros, aprendam a manifestar seus sentimentos, conectem-se à natureza, deleitem-se com a arte, valorizem as pequenas coisas, brinquem e aproveitem, usem a lógica matemática para a vida, aproximem-se do pensamento científico e da sabedoria popular, admirem a beleza do cotidiano, despertem os sentidos, soltem a língua, abram-se ao não acadêmico, celebrem a vida, aprendam a guardar recordações preciosas, descubram os arredores, iniciem o amor pelos livros e pela leitura, desfrutem da sua infância como crianças, tudo isso somado a que sejam capazes de manifestar gratidão pelo que a vida e as pessoas lhes dão, acreditamos que se pode requerer mais ou menos isso das aprendizagens na etapa da educação infantil.

No início de cada capítulo, faremos uma breve explicação de cada um dos fios e, a seguir, mostraremos algumas criações em que esse fio aparece profusamente. Com certeza, na hora de apresentar as experiências, haverá quem pense que poderiam estar incluídas em outro capítulo, e aí está a essência quase perdida das metodologias globais na educação infantil.

Depois da leitura de mais de setenta experiências de vida, também é provável que pensem que não respeitamos o ritmo das crianças como tanto reivindicamos. Convém levar em conta que fizemos uma seleção do que foi realizado em duas unidades de escolas de educação infantil ao longo de sete anos letivos, ou seja, com seis turmas diferentes de alunos.

Quando nos perguntam sobre a transferibilidade das experiências, sempre respondemos que, se elas se repetem exatamente da mesma forma, algo está errado. Nosso objetivo é mostrar os caminhos que os nossos fios tomaram em nosso contexto particular, com cada um dos nossos grupos, fruto dos percursos ou das conexões que quisemos fazer na época. Contudo, nem nós quisemos repeti-las fielmente em nenhuma outra ocasião; são únicas e não se repetem. Devemos ter em mente que nós queremos mostrar que, na escola, há lugar para as experiências de vida, que, por sua magia ou por seu interesse, seduzem-nos e envolvem-nos por um tempo, deixando um rico reservatório em nossa bagagem, mas nada em nossa vida volta a se repetir de maneira igual. A única coisa a se repetir é a atitude profissional, a ideia do que deve ser a escola e o olhar de confiança nas possibilidades das crianças.

A moldura, a urdidura, a lançadeira, o pente e a trama

Uma vez que a tecelã disponha dos fios (orgânicos e artesanalmente tratados), deve-se preparar a moldura (uma estrutura sólida) com alguns fios paralelos (mais grossos e esticados), que formam a urdidura, entre os quais passará cada fio com uma lançadeira (manuseada pela tecelã), para ir formando uma trama, que adquire mais densidade graças à pressão do pente liço.

Continuando com a comparação com a tecelã de mantas, cada um desses elementos é perfeitamente identificável na educação das crianças.

Assim, entendemos *a moldura como a escola*, uma estrutura sólida e consolidada como instituição educativa, apesar de ter algumas funções que devem ser reajustadas de tempos em tempos, para que não se converta em algo rígido. Para que a moldura permita o movimento dos fios, é preciso considerar a força da pressão a que eles são submetidos, e, para que não fique rangendo, deve ser revisada com frequência. No entanto, é necessário lembrar que a moldura não é mais do que uma armação sobre a qual se podem fazer sempre as mesmas mantas, da mesma maneira e com o mesmo desenho, ou se podem fazer mantas lindas e diferentes, inspiradas em quem vai usá-las.

A escola é um prédio; quem lhe dá vida são as pessoas que a habitam: alunos, professores, quadro administrativo, família e, inclusive, as pessoas que esporadicamente a visitam, todas diferentes, todas com visões educativas distintas. É por isso que a instituição deve ter princípios muito claros, evitando que eles inibam as iniciativas que surgem para a sua melhoria, ao mesmo tempo que sejam respeitados, por ser esse o propósito da escola.

Não existe moldura ideal, nem escola ideal. O melhor é aproveitar as potencialidades de cada uma, não as comprometendo com um contínuo lamento pelo que não se tem ou fixando o olhar nas carências.

A urdidura está em conformidade com a tensão de alguns fios grossos que sustentarão o trabalho. Assim, na base das nossas mantas colocamos:

- *A vinculação com a realidade, distanciando-nos de clichês estereotipados e infantilizados sobre a infância, propondo atividades que deem resposta a situações reais.*
- *O respeito pelo "tempo" das crianças, não as submetendo a pressão, nem a esse hiperativismo sem sentido que se estende como uma praga desde outros níveis educativos até a educação infantil.*
- *A defesa da educação infantil como um ciclo com identidade própria, sem concebê-lo como preparatório para o fundamental I, da mesma maneira que rejeitamos uma concepção meramente assistencial.*
- *A inabalável convicção de que a educação deve fazer aflorar as potencialidades de cada criança, ajudando-as a ser singulares, únicas e cidadãs.*
- *O entendimento das salas como espaços de felicidade que se irradiam para outros grupos, em que a serenidade, a calma e a acolhida amenizem tantas situações ingratas em que vivem alguns pequenos.*
- *A defesa da infância, às últimas consequências, como patrimônio das crianças, evitando tanto a infantilização como o extremo oposto, a adultização*

dos pequenos, antecipando-lhes temáticas ou problemáticas que não constam naturalmente em suas preocupações.

- A corresponsabilidade da família e da escola no processo educativo, não sobrepondo funções nem interferindo em âmbitos não próprios.

- A não sacralização das tecnologias na infância, normalizando suas utilidades para a ajuda e a solução de problemas reais, bem como na comunicação, na informação ou na criatividade (nunca a usamos para o lúdico).

- A concepção da escola como espaço ideal em que os conceitos de democracia, igualdade e equidade têm um verdadeiro sentido e no qual a prática de uma vida saudável, o respeito ao meio, a sustentabilidade, a solidariedade, a justiça devem estar inseridos no dia a dia.

- O entendimento da cultura como chave para o conhecimento do mundo e da sociedade (e não como um exercício para esclarecer crianças desconfiadas).

- O entendimento da docência como um trabalho artesanal, em que deixamos a nossa marca pessoal e a transmissão da paixão por aquilo que gostamos. Não conseguimos abraçar tudo. Sabemos que existem aspectos em que incidimos mais, em detrimento de outros, em razão dos nossos gostos, mas isso não tem por que ser visto como algo ruim, se, no final, é produtivo para os alunos.

Se esses fios da urdidura estiverem bem esticados, bem argumentados e bem à vista, é possível que resistam às pressões por ser diferente; por não utilizar material padronizado; por não incorrer na efemerização da escola passando de celebração em celebração; por não fazer festivais, fantasias diversas[1] ou festas da água;[2] por não celebrar aniversários como em uma ludoteca; por não entregar um pacote de fichas no final de cada trimestre; por não agrupar as crianças com nomes de animais ou de mascotes; por não fazer excursões escolares a parques de diversão; ou por outras tantas

---

1 N.E.: é costume, nas escolas de educação infantil, que se façam várias fantasias (de frutas, de animais etc.) para as crianças vestirem, muitas vezes, padronizadas.

2 N.E.: festa popular regional que costuma ser realizada no verão. Joga-se água sobre a população em grandes espaços. Apesar de ser um evento turístico que atrai multidões, é bastante polêmico, tendo em vista os grandes volumes de água utilizados.

concepções empobrecidas com as quais a sociedade foi se conformando a respeito da escola infantil.

É por isso que *a tecelã* tem que ser uma pessoa com uma sólida formação humana, humanística, didática e cultural, que faça uma clara diferenciação entre educar ludicamente e entreter crianças, bem como entre ser afetiva e próxima e ser infantil ou boba. Uma pessoa com uma sensibilidade tal que lhe permita o manuseio dos fios com *a lançadeira* de acordo com os interesses das diferentes crianças, sabendo uni-los com seus próprios interesses profissionais, conduzindo o fio preso à lançadeira com grande perícia e imaginação, de modo que as crianças imaginem que estão dentro de uma história ou de uma aventura. A tecelã deve se relacionar com outras tecelãs, mostrar as suas produções e ver as produções das demais, mas também é necessário que se relacione com pessoas de áreas diferentes, que enriqueçam o seu olhar, que lhe forneçam outras visões, que falem linguagens distintas, para que isso, finalmente, tenha reflexos em seu próprio trabalho.

Muito do que é realizado deve ser compartilhado com as famílias e com outros agentes educativos, para que, desse modo, as aprendizagens sejam reforçadas, atuando, nesse caso, como o *pente liço* com o qual a tecelã dá solidez e corpo à trama. Por isso, é necessário que a tecelã mostre e se mostre, porque não se podem criar sinergias entre elementos que não se conhecem (ou que se ignoram).

E, acima de tudo, a tecelã tem que se distanciar do trabalho realizado e ver de longe o conjunto do que está tecendo, apreciando aquilo que, de perto, não dá para ver: a verdadeira beleza e utilidade do que é produzido, refletindo se de fato está contribuindo para a educação das crianças ou se não passa de uma novidade passageira. Deve detectar, também, as zonas monocromáticas, as carências de uma cor ou o excesso de alguns tons em detrimento de outros. Para isso, é necessário solicitar o olhar honesto e objetivo de alguém que é respeitado por seu estilo docente e por seu profissionalismo.

Introdução: a tecelã de mantas

A tecelã deve se apaixonar por suas criações, mas nunca se perder no caminho da originalidade em si mesmo, porque, desse modo, estará colocando outros interesses adiante da formação das crianças, e é para elas – a quem se destina a manta – que devemos perguntar primeiro se estão gostando; é a elas que temos de escutar com o coração, ainda que o que tenham a dizer nos machuque. E aqui não cabe "mas elas não entendem o objetivo que tenho", porque, se não o entendem, será melhor deixá-lo de lado.

Começo do trabalho

Qualquer pessoa acostumada ao trabalho com fios sabe que o começo e os arremates são determinantes para a durabilidade das mantas. Por isso, antes da montagem dos pontos, é preciso dar início aos preparativos. Para evitar que saia uma reprodução idêntica da manta feita anteriormente – o que sempre nos causará a frustração de ser uma cópia –, a primeira coisa a fazer, antes de começar outra tarefa, é limpar os restos que estiverem na moldura, e limpar também o olhar sobre o que queremos fazer ou sobre os fios que vamos introduzindo. Sempre dizemos que, cada vez que iniciamos o trabalho com um grupo novo de alunos, partimos de uma sala em branco, que, pouco a pouco, irá se enchendo com objetos e recordações da vida desse grupo. Vamos construindo essa sala com todos, assim, cada elemento será um marco ou sinal do caminho percorrido, pleno de significado.

Aconselhamos que, antes do início, as crianças e as famílias visitem a escola, seja nas jornadas de portas abertas, seja em visita realizada na escola de 0 a 3 anos. Também recomendamos que as futuras professoras passem uma manhã nas salas de 0 a 3 anos, para assim saberem como é a vida dos que serão os seus alunos. Existem possibilidades muito variadas, a depender do entorno, da disponibilidade das famílias e, sobretudo, da sensibilidade, da abertura e da acolhida das escolas.

Nos dias que antecedem o início do novo curso, ocorrem as reuniões com as famílias, momentos em que gostamos de cumprimentar as crianças e de estabelecer uma agenda de entrevistas com os pais, quando sempre pedimos que venham acompanhados do seu filho ou de sua filha, para que as crianças nos vejam conversando descontraidamente com seus pais, sorrindo, conhecendo-os, comentando, falando dele ou dela. Isso pressupõe uma mudança total na atitude com a qual se entra no primeiro dia. É por esse motivo que valorizamos essas conversas, e, mesmo que sejam dias de muita agitação e de muita papelada, é mais conveniente dedicar tempo à tarefa de conhecer aqueles com quem compartilharemos a vida escolar ao longo de três anos.

Quando qualquer um de nós vai viver em outro lugar, gostamos de dedicar os primeiros dias a nos sentirmos cômodos, seguros e satisfeitos de termos feito essa mudança. Não é necessário que nos ensinem as leis que regem o local, nem acerca de todas as instalações, nem todas as funções das pessoas que encontraremos, nem tudo com o que poderemos ocupar o nosso tempo. Essas coisas são percebidas pouco a pouco. O que precisamos é que não nos invada a dúvida de se a mudança foi equivocada: precisamos nos sentir seguros, bem acolhidos. Mesmo que a nossa mudança seja por motivo de realização de um trabalho, não é ideal começarmos de cara com essa ocupação. É preferível que os primeiros momentos sejam para impregnar-nos do novo, para respirarmos o ar desse lugar e para percebermos se vão nos levar em conta, se vão nos escutar; esse será o nosso espaço. Quando estamos longe do nosso lugar, todos gostamos de encontrar com conhecidos, por isso, nas conversas com as famílias, sempre perguntamos se a criança conhece alguém da escola – irmãos, familiares, vizinhos –, porque preferimos que sejam eles os seus anfitriões e guias na escola, os que contem a ela alguns segredos desse mundo desconhecido.

Deixar transcorrer, que tudo se acalme, que a criança recupere a segurança. Embora se possa pensar que se trata de uma perda de tempo, não o é, em absoluto. Não há pressa, pois teremos muito tempo pela frente.

Até que chega um dia – nunca se sabe quando, não tem data fixa – que, no momento em que as crianças entram na sala, nota-se que estão esperando que falemos algo. Com cada novo grupo, há um momento mágico em que notamos um brilho diferente no olhar, uns olhos expectantes, uma atitude confiante, um desejo de nos escutar, e é nesse dia que começamos a entrelaçar os primeiros fios, com muito cuidado e com todos os sentidos postos em suas reações.

E começamos a tecer.

Para mais informações:
https://innovarteinfantilesp.wordpress.com/2013/09/16/la-vida-en-la-escuela-contada-por-los-mayores-a-los-mas-pequenos
https://innovarteinfantilesp.wordpress.com/tag/proceso-adaptacion
https://innovarteinfantilesp.wordpress.com/2012/10/17/haciendo-grupo

Fio 1. Crescendo

Quando as pessoas adultas falam das mudanças que se produzem nos pequenos desde a entrada na escola, costumam dizer "cresceu", "deu um estirão" ou "está maior", inclusive repetem o mesmo jeito de dizer às crianças. Se as pessoas que conversam são professores, então elas usam um código diferente e referem-se à aquisição de habilidades, ao cumprimento de objetivos, aos domínios de competência etc., registrando desse modo nos documentos escolares correspondentes. No entanto, em poucas ocasiões se mostra ao aluno a progressiva evolução de suas conquistas, de suas realizações e de seu crescimento, quando, ao nosso entender, isso pode ser determinante. Por isso, desde o momento em que acolhemos um novo grupo de alunos, gostamos de evidenciar o que, em nosso idioma – o galego –, chamamos de as medras. As medras são signos de crescimento, geralmente referindo-se aos estirões que eles dão; à conformação do seu corpo, pois progressivamente vão passando de quase bebês a crianças; às mudanças no rosto, ao cair dos dentes etc. Mas nós gostamos de estender esse balanço de medras a outros muitos indicadores do seu crescimento: a progressiva aquisição de autonomia e de hábitos, a desenvoltura com que se movem na escola, o enriquecimento da sua fala, os controles emocional e relacional, a complexidade do seu brincar ou a ampliação do seu olhar e da sua compreensão.

Quando começamos a falar com eles de suas medras, passados alguns meses desde a entrada na escola, sempre lemos o livro *Quando eu nasci*, que começa assim:

Quando eu nasci, nunca tinha visto nada. Só a escuridão na barriga da minha mãe.

Essa afirmação do protagonista é reforçada por uma primeira página preta, e, nas subsequentes, pouco a pouco vai entrando a luz e desvelando a cor de um mundo novo, que ele descobre graças aos seus sentidos e à sua inteligência, até que, por último, conclui dizendo:

Quando eu nasci, não sabia quase nada. Agora pelo menos uma coisa eu aprendi. Tenho um mundo inteiro para conhecer, milhões e milhões de coisas e lugares aonde minhas mãos nunca chegarão. (...) Mas uma coisa também é certa. Todos os dias descubro um pouco. E isso é a coisa mais fantástica que existe.

O referido livro é uma festa à vida, ao fato de seu protagonista estar vivo, crescendo a cada dia ao descobrir uma coisa nova. Precisamente essa é a ideia que tentamos transmitir aos nossos alunos do que significa crescer e do que a escola pode fazer por eles, ajudando-os a descobrir um mundo novo.

É por isso que, em nossas aulas, há fitas métricas para registrarmos os estirões, há também painéis e fotografias das crianças ao longo do tempo, assim como cartazes que resumem muitas atividades realizadas. Com cada grupo, sempre partimos de uma sala em branco, quase vazia, de modo que se encherá de marcas de nossas vivências em conjunto, que sempre são uma referência ao que foi aprendido e vivido. Assim, em muitas ocasiões, nossas conversas integram esses signos que atuam como ritos ou marcos, indicando os quilômetros percorridos.

Na verdade, nos primeiros anos juntos, nos concentramos mais nas mudanças físicas, vinculando-as com outras conquistas, como mostraremos nas experiências "Crescendo pelos pés" e "A queda dos primeiros dentes: homenagem ao dente caído".

Crescendo pelos pés

Uma *medra* à qual quase nunca se presta atenção é a dos pés, mesmo sendo estes importantes para ajudar a conquistar o mundo. Disse Maria Solar, em *Eu tenho pés perfeitos*, que Melchior Sabichón poderia ser a criança mais inteligente do planeta, já que sabia de dinossauros, de estrelas e de planetas, sabia de quase tudo, menos dos seus pés, apesar de serem eles que lhe permitem andar, correr e conhecer o mundo. Assim, pensamos em como poderíamos visibilizar o seu crescimento e o que isso lhes permite. Queríamos fazer de um modo que permitisse vê-los tanto individualmente como em comparação com o grupo.

Inicialmente fizemos o contorno dos pés de todos e, aproveitando que estavam descalços, olhamos o número do sapato e anotamos em cima. Aconteceu que, quando os moldes foram concluídos, juntamos todos e percebemos que dificilmente haveria alguma diferença, mesmo tendo marcado números tão diferentes. Isso nos levou a pensar que, às vezes, o tamanho do pé não corresponde ao número do calçado e, claro, tampouco ao contorno do sapato ou da bota.

Falamos com uma mãe que tem uma loja de calçados e ela nos deixou um molde com todas as medidas em centímetros e os tamanhos no padrão europeu. A solução, porém, veio das mãos de uma professora que nos trouxe medidores de pés. Dessa forma, pudemos estabelecer fielmente a medida de cada um, tanto calçados como descalços.

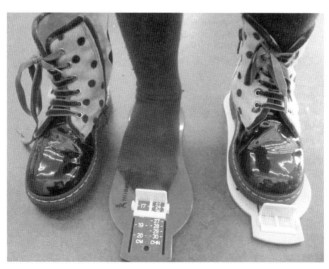

Fio 1. Crescendo

Faltava somente pensar em como registrar as mudanças ao longo do tempo, de modo que ficassem muito evidentes para os alunos. Pedimos às famílias que anotassem sobre um molde que oferecemos a medida do pé da criança ao nascer, quando tinha, respectivamente, um, dois e três anos. Houve, inclusive, quem nos mandou a marca em gesso feita poucos dias após o nascimento; e também quem nos mandou botas ou sapatinhos de quando eram bebês.

Com a medida do pé de cada ano, fizemos um molde de acetato colorido, um para cada ano (1, 2, 3), e os sobrepusemos em uma folha de acetato transparente em que fotocopiamos as medidas-padrão, o que tornou possível ver com clareza como o pé foi aumentando de tamanho.

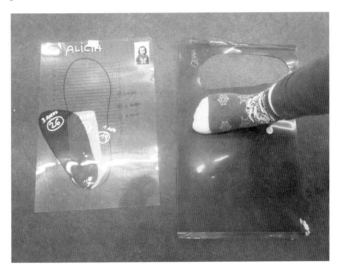

Enquanto isso, buscávamos informações sobre as razões que fazem os pés crescerem, a que se deve, para que, se somente cresciam os dedos, as unhas ou todo o pé. Isso nos levou a todo tipo de hipóteses. Também falamos da correspondência entre altura/anos/medidas dos pés e muitas outras coisas.

Chegou o momento em que foi preciso saber mais dessa parte tão importante do nosso corpo, por isso fomos ver os pés da Pepe, o esqueleto da biblioteca. Lá eles ficaram surpresos com a quantidade de ossos que têm e o que eles permitem fazer. A propósito, também tiramos a medida da Pepe para saber que número de sapato usaria.

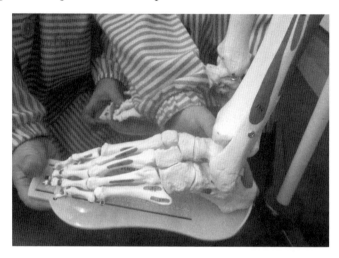

Agora temos expostas na janela da sala todos os "estirões" dos nossos pés, porque com a entrada de luz se vê melhor, inclusive quando estão sobrepostos. Permanecerão ali até que as crianças saiam da escola, aí levarão como recordação do seu crescimento junto com as fitas de altura e peso; faremos uma caixa especial em que guardaremos *as medras* da infância. Nesse meio tempo, cada vez que uma criança faz aniversário – entre muitos outros de nossos rituais –, tiramos a medida do seu pé e constatamos que ela cresce com eles. Completando essa exposição "permanente" na sala, vão se somando a ela fotografias de ações que nossos pés nos permitem realizar: correr, saltar, caminhar, aproximar-nos das pessoas queridas, levar-nos para casa, brincar na areia, fazer-nos rir com as cócegas, sentir frio ou calor, identificar objetos que pisamos, sentir como a grama é macia, pular as poças, inclusive pintar com eles, pintá-los ou fazer um personagem de teatro com eles.

Fio 1. Crescendo

A queda dos primeiros dentes: homenagem ao dente caído

É bastante habitual que, em um grupo de crianças de 5 anos, vivamos episódios de queda dos primeiros dentes. Elas esperam o momento da primeira queda com esperança, porque, de alguma maneira, acreditam que isso é um indício de que já não são mais bebês, que logo serão "maiores" e, como não, também esperam pelo Ratoncito Pérez.[1]

Às vezes isso acontece na escola, e temos que cuidar para que não se assustem se sangrar um pouco, e guardar cuidadosamente o dente para que o levem para casa em uma caixinha, como se fosse um troféu ou uma joia.

Chegado o momento, aproveitamos para falar sobre quais são os dentes que caem primeiro e se isso tem algum tipo de relação com os primeiros que saem ou com aqueles que são usados nas "tarefas" dentais mais difíceis. Fazemos um quadro de dupla entrada que nos permite ver as estatísticas com gráficos de barras. Ao mesmo tempo, envolvemos as famílias e lhes perguntamos sobre o momento da aparição do primeiro dente, a idade que a criança tinha e a posição do dente. Como curiosidade, descobrimos que bebês podem nascer com dentes e quais os inconvenientes disso.

Isso oferece muitas possibilidades. Pode-se ir para o campo da higiene bucal, dos hábitos de saúde, mas decidimos ir para o caminho literário. Como não mencionar o mais "genuíno" personagem infantil espanhol, o "Ratón Perez" e seus "homólogos" em outras culturas? Há tanta abundância de exemplos que nos comprometemos a ter um conto diferente do Ratón Pérez ou de seus similares para cada dente que caia.

Com as crianças de uma turma, decidimos fazer uma "escultura" em homenagem ao dente caído.

---

[1] N.E.: Ratoncito Pérez, ou Ratón Pérez, é um personagem muito popular na cultura espanhola e hispano-americana. É análogo à Fada dos Dentes, conhecida por recolher os dentes de leite das crianças e trocá-los por presentes.

Preparamos para cada criança uma folha com um esquema da posição dos dentes na boca, seus respectivos números e nomes, assim como um quadro em que, em colunas diferentes, elas podiam anotar o número do dente, a data em que caiu e o motivo da queda. Cada vez que o dente de alguém caía, as crianças pegavam a ficha dos dentes e faziam as anotações correspondentes; pegavam também uma pedra branca de uma caixa que tínhamos, que servia como "escultura" do dente, e sobre ela colocavam uma etiqueta com o nome da criança e o número do dente caído. A pedra passava, então, a integrar a composição coletiva formada pelos dentes-pedra de cada um.

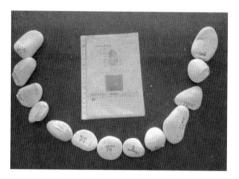

Quando as crianças saem do centro, em suas caixas intituladas *As medras* também irão seus dentes-pedra e o registro das quedas dos dentes.

Com essas duas experiências tentamos mostrar como a caixa *As medras* deixa registradas algumas partes ou feitos importantes da história de cada menino e menina, do seu crescimento e de suas conquistas, descobrindo um pouco mais de um mundo por explorar.

Para mais informações:
https://innovarteinfantilesp.wordpress.com/2016/03/02/los-estirones-por-los-pies
https://innovarteinfantilesp.wordpress.com/2012/01/24/la-caida-de-los-primeros-dientes-y-el-raton-perez
https://innovarteinfantilesp.wordpress.com/2012/03/12/homenaje-al-diente-caido

__ **Fio 2**. Guardando lindas recordações __

O ser humano se alimenta de partes iguais de suas fantasias e de suas recordações, por isso que prestamos especial atenção a ambos os aspectos, tanto para gerar alegria pelos projetos futuros como para ajudar a selecionar e guardar lindos momentos na vida. Na infância, isso requer algo palpável, algo visível que, como um gatilho, faça-os lembrar o quanto são amados ou o que pensam sobre eles.

Recordações dos passeios na praia

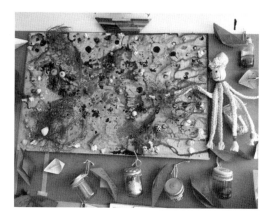

É bastante habitual, na educação infantil, a elaboração de trabalhos manuais em série, para levar para casa, alusivos a datas comemorativas ou a outras datas marcadas pelo mercado. Não somos partidárias dessas atividades, não vemos sentido nelas, porque não atendem aos interesses individuais das crianças, além de incentivarem o consumo sem sentido. Somos conscientes de que são inércias que se espalham na educação infantil de tal modo que muitas famílias estranham quando não se realizam. Aqui são fundamentais as conversas com as famílias já desde o início do ciclo, com argumentos para que descartem essas elaborações quase tradicionais na educação infantil.

A seguir, mostraremos vários exemplos de presentes que os alunos levam com orgulho para as suas casas, únicos, pessoais e cheios de sentido para eles.

Celebrando o aniversário com arte

Fio 2. Guardando lindas recordações

Cada vez que começamos com um novo grupo de alunos, na reunião inicial com as famílias já antecipamos que, na sala, celebraremos os aniversários de um modo diferente do habitual. A razão que damos para isso é que nem mesmo as crianças sabem quantas vezes os festejam – pelo menos três ou quatro: com a família (no dia), com os amigos e as amigas (no final de semana), no refeitório da escola (no fim do mês), com os avós (no domingo). Assim, a escola tem que tentar fugir das celebrações na mesma linha consumista, fazendo nesse dia algo que as faça sentir-se especiais e que seja para recordar. Ao mesmo tempo, tem que tentar fazer que os aniversários sejam associados ao crescimento de todos e de todas.

Desse modo, pedimos a cada criança uma tela pequena, que penduramos na parede e colocamos sobre ela uma etiqueta com a foto da criança, o texto "Reservado para…" e a data do aniversário. Quando chega o dia, tiramos a tela (que forma parte do conjunto de todos os alunos, professores e pessoal que tem relação com o grupo) e, nesse momento, a criança homenageada a pinta a seu gosto. Como se trata de crianças com 3 anos, colocamos como condição o uso de apenas duas cores, suas favoritas, e que utilizariam os materiais e as técnicas que preferissem (gotejando, salpicando, com os dedos, rolos, esponjas, pincéis…)

O conjunto de telas acompanha um painel feito com as fotos das crianças de acordo com os meses de nascimento e com um calendário; assim ninguém se distrai e elas acompanham quanto falta para o seu aniversário.

No dia que tem celebração, repetimos um ritual, em que se transfere o nome da criança para a nova coluna correspondente (3, 4, 5 ou 6 anos), e risca-se onde estava até então; depois se retira a tela, a criança escolhe cores e materiais, e, rodeada por seus companheiros, pinta o seu quadro; ela explica às demais o que representa e, de novo, pendura-se novamente no lugar. Depois, observamos como vai mudando pouco a pouco essa obra coletiva, encerrada no final do curso para mostrar a toda a escola. Céus, mares, campos de flores e noites estreladas integram essa intervenção artística, ao mesmo tempo tão pessoal e tão grupal.

Finalizado o curso, ao celebrarmos o aniversário dos nascidos no verão, mostramos a toda a comunidade educativa uma exposição intitulada "50 anos em 9 meses", à qual também se juntam as produções de outra unidade que optou pela colocação das letras iniciais do nome de cada menino e menina. Após a exibição pública, cada um vai levar para casa o quadro que lembrará o dia em que completou 4 anos.

Para mais informações:
https://innovarteinfantilesp.wordpress.com/2016/01/11/celebrando-los-cumpleanos-con-arte

Mensagens em garrafas

Quando chega o final de um ciclo, pouco a pouco vamos nos despedindo do grupo, fazendo pequenos gestos que fiquem gravados como recordação da sua passagem pela escola de educação infantil e do grupo de companheiros com o qual compartilharam três anos.

Em certa ocasião, pedimos que todos dessem sua opinião sobre as qualidades mais admiráveis e determinantes dos companheiros. Depois de três anos, todos sabem os pontos fortes e os pontos fracos um do outro, e aprenderam a aceitá-los ou a ignorá-los, e a reforçar o que é positivo, fruto de um trabalho implícito realizado na sala.

Assim, partindo do nome de cada um deles, combinamos de fazer um acróstico com adjetivos que os definissem. Em primeiro lugar, foi preciso saber as letras que usaríamos – descartando as que não formavam parte de nenhum nome –, e, em grupos, pensaram e buscaram adjetivos, palavras que pudessem ser ditas de um companheiro ou companheira. Em seguida, com todo esse leque de palavras, começamos a fazer os acrósticos, com base no consenso do grupo sobre os adjetivos que mais convinham a cada um.

Uma vez elaborados todos os acrósticos e visto que retratavam cada menino e menina de forma única – na sala temos nomes repetidos, porém, apesar disso, os adjetivos usados foram diferentes, já que as crianças são diferentes –, feitos artisticamente em uma cartolina, foram colocados em uma garrafa de vidro, fechada e selada com silicone, para assim permanecer como lembrança de como eram vistos por seus companheiros e companheiras.

Queremos pensar que muitos anos depois gostarão de ver a recordação dessa etapa da infância e de encontrar dentro das garrafas as mensagens do grupo com o qual iniciaram na escola.

Os fios da infância

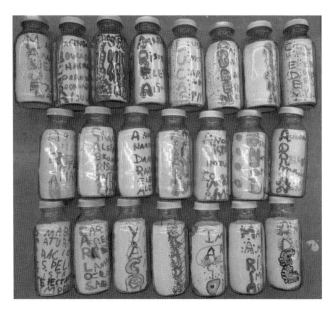

Para mais informações: https://innovarteinfantilesp.wordpress.com/2012/06/14/mensajes-en-botellas

As caixas de recordações

Sempre conversamos com as famílias sobre o valor que damos às pequenas coisas da vida que realmente importam (carinho, afetos, recordações); que gostamos que tragam para a sala pequenas recordações de sua vida em casa, de passeios, de pessoas, enfim, de momentos felizes; e sobre a reutilização de materiais com custo zero. Da união dessas três premissas, surgiu a ideia de preparar caixas pessoais e secretas, nas quais cada um guardará seus pequenos tesouros que, em algum momento, possam reconfortá-los.

Para a preparação, depois da celebração do Natal, pedimos às famílias que nos trouxessem caixas, papéis de presente, laços e enfeites, que seguramente iriam para as latas de lixo. Essas caixas, "recipientes" de recordações,

Fio 2. Guardando lindas recordações

segredos e tesouros, tinham que ser algo especial, já que aquilo que seria guardado ali também era especial. Com tal fim, fomos juntando todo tipo de bugigangas, pedras, conchas, flores secas, botões, cristais polidos pelo mar, conchas de caracóis, plumas etc., que usariam para decorar as caixas. Diante de tanta abundância de enfeites, foi necessário fixar a condição – para exercitar a capacidade de decisão e as consequências das escolhas – de que cada um poderia eleger apenas dez elementos e com eles fazer a combinação que quisesse, já que seria a sua caixa dos tesouros.

A primeira recordação colocada nas caixas foi uma foto de cada um ao finalizar a obra.

Finalizado o ciclo, no interior de cada caixa havia recordações dos mais variados tipos, plenos de significados para cada um dos seus donos.

Para mais informações:
https://innovarteinfantilesp.wordpress.com/2011/04/08/las-cajas-de-los-recuerdos
https://innovarteinfantilesp.wordpress.com/2011/01/22/encajarte

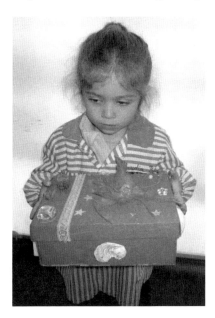

Em tudo que é feito na escola, subjaz uma mensagem que é transmitida para as famílias; nos exemplos apresentados, consideramos que vai ficar tão claro para elas como para os alunos: para celebrar, não é preciso gastar nem seguir o que determinam as tendências consumistas; a estética nos importa muito, mas as coisas bonitas não precisam ser as mais caras; e os aspectos emocionais devem ser cuidados e mantidos como os maiores tesouros das pessoas.

Fio 3. Cravando os pés na terra

Todos concordam que há pontos que devem ser abordados desde a infância. Educar na natureza é um deles, contudo, o modo como isso às vezes é feito nos faz lembrar de uma ilustração de Frato, na qual se vê a professora ensinando a um grupo de crianças, por meio de um pôster, as partes de uma árvore, ignorando um bosque de verdade ao redor deles. É um paradoxo, mas real, por isso o nosso empenho se dá em levar a sala para a natureza e a natureza para a sala. Na verdade, os projetos das escolas não dão muita importância ao verde, por essa razão é preciso aguçar a criatividade para aproveitar as possibilidades e descartar todos os pretextos que impedem o contato com o ambiente natural.

Poucos lugares podem ser menos propícios para educar na natureza do que uma escola localizada em uma área de novas construções ao lado de um complexo industrial, onde se dá preferência às vias de comunicação e à existência de terrenos para construção, que permitam o estabelecimento de novas empresas e de seus trabalhadores. Quando o crescimento da grama fica restrito a áreas verdes obrigadas pela legislação construtiva, sempre privadas e com placa proibindo a passagem por elas; quando as árvores só crescem em quadrados cercados nas calçadas; quando as flores não estão à vista dos pequenos, parece tarefa difícil ensinar o amor e o respeito pela natureza. Ainda assim, mesmo quando o ambiente está tão inóspito para o crescimento das crianças, os professores devem fazer um esforço para dar visibilidade ao que está oculto.

Aqui relataremos como tentamos identificar as áreas verdes existentes em nossa cidade para, assim, poder conhecê-las, cuidar delas, compartilhá-las e desfrutá-las em família.

Nossos curiosos jardins

Tudo isso começa depois da leitura de um livro inspirador chamado *O jardim curioso* (2010), que conta a história de Liam, um menino curioso que um dia, enquanto explorava sua cidade monótona e cinzenta, descobre um jardim em apuros. Ele decide ajudá-lo a crescer, sem perceber que acabará fazendo o jardim ter vida própria e espalhar-se pela cidade, mudando tudo em seu caminho. Nossos alunos imediatamente perceberam o que pode ser mudado com um pequeno gesto quando as pessoas decidem colaborar com a natureza em vez de lutar contra ela.

É um conto com uma visão ecológica e ambiental como poucos, de modo que, depois de escutar a história de Liam, uma menina nos disse que havia visto no pátio "uma flor" saindo de um bueiro e que devíamos cuidar dela.

Conversamos muito sobre as plantas que nascem – como no conto – em lugares insólitos, o que poderia acontecer se lhes fosse permitido crescer,

Fio 3. Cravando os pés na terra

o que mudaria na paisagem se houvesse mais jardins nos parques, nas ruas ou nas cidades, inclusive na escola.

Aqui, a mudança não é fácil, um edifício rodeado por construções altas, com um pátio com muros de concreto de três metros de altura, sem muitas possibilidades de humanizá-lo e de enverdecê-lo. Há quatro árvores órfãs das quais temos que cuidar, nossas plantações em latas e outra surpresa: descobrimos que nasciam plantas em lugares insólitos; muito mais do que pensamos. Decidimos nos fazer de investigadores para localizar onde havia vida vegetal, fotografá-la e estabelecer um plano de cuidados, para ver se acontecia como no livro, e assim poderíamos mudar o nosso centro escolar e a nossa localidade.

Depois desse começo tão esperançoso, decidimos todos colaborar para identificar as zonas verdes mais próximas. Vale apontar que, para nós, o trabalho de conhecimento do próprio entorno é prévio para qualquer ação didática que se possa fazer com os alunos da educação infantil. Assim, com a mudança da estação, do clima e da paisagem, já nos meses de maio e junho, decidimos explorar um pouco mais o que temos ao nosso lado.

Fotocopiamos um mapa da cidade, marcamos as ruas em que vivem os nossos alunos e começamos.

Na localidade em que trabalhamos, O Milladoiro, especialmente na zona onde está localizada a escola, O Novo Milladoiro, as ruas, as avenidas, as travessas levam o nome de espécies de árvores com as quais também ornamentaram as calçadas. Isso é algo que passa despercebido para a maior parte da população. Ainda não sabemos com certeza se fazem referência aos antigos nomes dos terrenos que deram lugar às urbanizações ou se foi uma ideia acertada de alguém. O caso é que gostamos muito e decidimos tirar proveito disso.

Tratamos de contar aos pequenos (muitos, por exemplo, não tinham percebido que vivem na Rua Palmeiras e que há palmeiras nas rotatórias, nos parques e nas calçadas) e, assim, buscamos referências a árvores em seus trajetos familiares.

Rua Palmeiras (palmeiras), Rua Figueiras (figueiras), Rua Oliveira (oliveira), Rua Xesteira (retamas), Rua dos Cereixos (cerejeiras), Rua Camelias (camélias), Rua do Buxo (buxos), Rua das Hedras (heras), Rua da Pereira (pereiras), Rua Codeseira (adenocarpos), Rua Castiñeiras (castanheiras), Rua das Espiñas (espinheiros), As Mimosas ou Raíces (raízes) nos deram pistas do que poderíamos encontrar. Uma observação adicional é que a toponímia galega está cheia de referências ao mundo vegetal.

As buscas na internet, a consulta em catálogos de árvores e a publicação *Inventário ilustrado das árvores* nos ajudaram a reconhecer as espécies que davam nomes a todas essas ruas próximas à escola. Árvores grandes ou pequenas, perenes ou que perdem as folhas em certas épocas, frutíferas ou ornamentais, nativas ou estrangeiras, deram origem a muitas conversas e elucubrações acerca dos motivos de uma escolha ou outra. Também valorizamos as vantagens de nomear assim as ruas para quem não sabe ler ou quem não entende o que está escrito, ainda mais em um lugar onde chegam muitas pessoas de países estrangeiros, atraídas pelo complexo industrial.

Por meio de comunicados às famílias (bilhetes e no *blog* da sala), informamos sobre a nova atividade, para a qual solicitávamos seu conhecimento e sua colaboração, e recebemos muitas outras informações. Os pais e as mães se envolveram a fundo em nossa proposta; assim, a cada dia nos enviavam sugestões de "cantos secretos de árvores" que eles conheciam e aos quais levaram seus filhos. Houve, inclusive, quem nos enviou amostras de vegetações organizadas por ruas. Hortas privadas, hortas urbanas, jardins, árvores emblemáticas ou exóticas foram algumas das propostas colocadas no mapa que cada menino e menina levava para casa e, no dia seguinte, compartilhava com seus companheiros.

Assim, começou o planejamento de caminhadas diárias até duas ou três ruas, para conhecê-las e comprovar se as árvores ali plantadas estavam de acordo com o nome da rua. Para isso, usávamos o aplicativo Google Maps. Essas caminhadas foram registradas no mapa e em uma espécie de caderno de viagem, intitulado *Caminhadas pelas ruas com árvores*, que se complementava com as fotos que tirávamos das placas com o nome das ruas, das árvores, dos seus frutos, do seu estado, dos danos que as afligem (lixo, excrementos de animais, galhos quebrados etc.).

No "Monte dos pinheiros".

Caminhada por um bosque recentemente destruído.

Caminhada pelo Caminho das amoras.

Lugares significativos, a sinalização, a numeração dos prédios, a orientação no espaço e no plano, o conhecimento do lugar onde vivem demonstram o grande proveito que tiramos dessa atividade.

Pelo caminho, descobrimos outras ruas que, embora não tenham nome de árvores, bem que poderiam ter. Assim, a Travessa do Porto (onde está a escola) poderia ser o Caminho das Bananas; o Campo do Meio [*Agro do Medio*, no original] poderia ser a Rua dos Alfeneiros etc. Vimos também outras ruas ainda não "batizadas", nas quais poderíamos perfeitamente colocar nome: Costa das Ameixeiras, Caminho dos Eucaliptos, Rua das Amoras etc.

Os nomes das ruas

Como sempre acontece, uma coisa leva a outra e, assim, tratamos de saber quem decide o nome das ruas. Soubemos que isso é feito na Câmara Municipal, e, tendo em vista que há ruas novas ao lado da nossa escola que ainda não têm placas com os nomes, decidimos colocá-las nós mesmos e enviar a proposta à Prefeitura.

Graças ao material que nos presenteou uma empresa situada em O Milladoiro, elaboramos essas placas para algumas de nossas ruas.

Placa com a qual "batizaram" uma das ruas sem nome de acordo com a espécie da árvore que a enfeita.

As conversas sobre os benefícios que nos proporcionam as árvores foram perfeitamente resumidas com a leitura do lindo livro *Árvores no caminho* (2014), que nos conta a história de Karim, que, em uma visita ao

Fio 3. Cravando os pés na terra

mercado, perde de vista a sua mãe, e, quando se encontra embaixo de um baobá, ele diz:

A árvore vermelha me deu forças; a palmeira me deu de beber; a manga, de comer; o baobá, seus pães de macaco...

E quando volta para casa, como despedida, pergunta às árvores:

Estará aqui quando eu crescer? – perguntou Karim. – Se ninguém me cortar, estarei. –Ainda dará de comer aos macacos? – Se ninguém me cortar... – E dará guloseimas às crianças? – Se ninguém me cortar... Vou te contar um segredo: tudo está em equilíbrio... um equilíbrio perfeito, mas frágil!

Preservar o equilíbrio do sistema só se pode fazer com base no conhecimento real, e isso é o que intentamos fazer nessa atividade, para a qual tanto nos ensinaram as palavras de Antoni Reyes, diretor do Arquivo Municipal de Blanes, que, em uma fala dirigida aos alunos sobre "O porquê dos nomes das ruas", disse:

"O nome das ruas reflete a maneira de ver o mundo da sociedade que lhes deu os nomes, e que as ruas de uma cidade são como as páginas de um livro de história".

Esperamos que, algum dia, nossos alunos possam relatar a história da cidade e saibam explicar os nomes de suas ruas.

Ao longo de todo o trabalho e de todas as saídas que fizemos, fomos descobrindo lugares, cantos e caminhos que ainda não tinham nome. Em muitos casos, encontramos maneiras de nomeá-los seguindo a mesma ideia de fazê-lo conforme as espécies de árvores que prevalecem no lugar.

Em cada saída, fomos tomando nota do que seria necessário nomear, assim como de propostas que tivemos que chegar a um consenso: *Costa das Ameixeiras; Monte dos Pinheiros; Caminho dos Eucaliptos; Rua das Amoreiras; Estacionamento dos Liquidâmbares; Lugar das Hortas Urbanas.*

Descobrimos que nomear as ruas é algo que se faz no plenário da Câmara Municipal, às vezes atendendo aos antigos usos dos lugares; outras, como homenagem a alguma figura pública ou por proposta dos moradores. Nesse caso, e visto que se trata de espaços ainda não urbanizados, por enquanto nos limitamos a fazer placas similares às das ruas "oficiais" registradas nos mapas, porém muito mais coloridas. Colocamos as placas em seus lugares correspondentes e divulgamos às famílias e a outras pessoas da escola.

Para sua elaboração, sobre chapas de alumínio foi escrito o nome da rua, acompanhado de uma ilustração pertinente. Como curiosidade, quando fomos pendurar a placa "Monte dos Pinheiros", um funcionário da Câmara Municipal, encarregado de cuidar desse lugar, disse aos meninos e às meninas que estava muito bom o nome que colocaram, mas que gostaria mais se fosse "Monte dos Meninos e das Meninas". Nossos pequenos concordaram com a proposta, razão pela qual tivemos que fazer uma segunda placa.

Imagem. As duas placas colocadas: "Monte dos Pinheiros" e "Monte dos Meninos e das Meninas".

Na visita às hortas urbanas, que descreveremos na seção a seguir, também deixamos como presente o cartaz correspondente. Então, dois meninos que vivem em uma rua que tem amoreiras plantadas nas calçadas pediram para fazer, cada um deles, uma placa de "Rua das Amoreiras", para colocar no início e no fim da rua.

Imagem. Rua das Amoreiras, "rebatizada" por dois meninos que vivem ali.

O curso já estava terminando, senão acabaríamos fazendo placas para todas as ruas de O Milladoiro e arredores, porque todos queriam deixar sua marca no lugar onde viviam.

Parar fechar essa atividade, enviamos uma carta à Prefeitura, junto com as fotos do nosso trabalho e as sugestões dos estudantes. Sabemos que, enquanto durarem as placas, elas serão as contribuições visíveis do que foi realizado pelas crianças na escola de educação infantil. O que não é visível, embora seja o mais importante, são todas as marcas que ficaram nas crianças e em suas famílias depois dessas semanas de trabalho e a apreciação intensa do ambiente e do patrimônio natural.

As hortas urbanas

Entre as sugestões que as famílias nos fizeram em relação aos lugares da cidade onde havia áreas com árvores, descobrimos a existência de hortas urbanas, que casualmente estão próximas da escola, em uma rua em que viviam dois de nossos alunos. Assim, no planejamento de rotas por O Milladoiro, contemplamos também a visita a essas hortas urbanas.

Poucos de nossos pequenos e de suas famílias sabiam da existência dessas hortas, criadas poucos meses antes pela Prefeitura, por isso tivemos que explicar o que são, quem pode ter uma e as diferenças em relação às hortas das casas dos seus avós e demais familiares.

Anunciada a visita para as famílias (com o pedido de que levassem seus filhos e, assim, também pudessem conhecer as hortas), planejada a rota no mapa, feita uma lista de possíveis verduras e hortaliças que encontraríamos, e ouvidos colegas cujos pais são responsáveis por alguma horta, nos colocamos a caminho, levando como guias os dois meninos que vivem nessa rua.

Chegando às hortas, vimos que estavam cercadas com arames e que havia um portão; uma das mulheres que trabalham lá nos convidou a entrar. Antes, entregamos a ela nosso presente: uma placa para sinalizar as Hortas Urbanas. Entre todos que lá estavam, deram a nós explicações sobre as plantações, os cuidados, o uso de ferramentas e recursos comuns, e tivemos a oportunidade de comprovar tudo aquilo que já sabíamos sobre hortas.

Fio 3. Cravando os pés na terra

No dia seguinte, fizemos uma atividade sobre o que vimos: os frutos. Para isso, levamos à escola 30 variedades de verduras, hortaliças e legumes, que observamos, cheiramos, conversamos sobre eles e os classificamos de acordo com fatores como: se o que se come cresce acima ou embaixo da terra; se comemos as folhas, os talos, os frutos, as sementes ou as raízes. Complementamos a informação com os livros *Atlas ilustrado das verduras* (2012) e *Uma cozinha tão grande como uma horta* (2008). Muito mais poderia ter sido feito nessa atividade, mas estávamos a ponto de fechar o curso, e as crianças estavam muito cansadas. Nós nos consolamos pensando que essa visita foi consequência dos passeios pelo entorno, de modo que os objetivos já tinham sido muito mais que cumpridos.

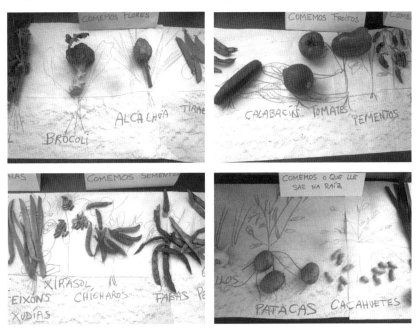

Imagens. Exposição de hortaliças classificadas em função do que se come delas: as raízes, o talo, as flores, os frutos, as sementes ou as folhas.

Essa visita reforçou ainda mais uma ideia que defendemos: de quão vantajoso poderia ser se as escolas cedessem pequenas porções de terra para convertê-las em hortas urbanas, das quais tanto se poderia aprender ao longo do ano, e de como isso poderia propiciar o intercâmbio intergeracional com outras pessoas mais velhas.

Como já dissemos, todas as possibilidades de ampliação e de desdobramentos dessa experiência – que poderiam ser muitas – ficaram truncadas, porque chegou o final do curso e, com ele, a turma de crianças que já passavam da educação infantil para o fundamental I, que fica em outra área da localidade, de modo que ficou muito por saber, muito por descobrir, mas também foi muito o que aprendemos.

Como despedida da escola, cada uma das unidades que saía plantou uma camélia no espaço que rodeia a escola, para que, desse modo, os novos alunos possam desfrutar de alguma árvore.

Atualmente, a escola está preparando outra área exterior para plantar um pomar: 12 árvores e 12 arbustos, uma para cada unidade, permitindo acompanhar todo o processo de crescimento, floração e frutificação.

Hoje em dia, falar de educação na natureza parece incontestavelmente ligado às escolas alternativas, às escolas rurais ou às escolas em espaços naturais. Quisemos mostrar que se pode educar na natureza até em lugar "menos natural", mesmo rodeado de concreto e asfalto; a única coisa de que se necessita é um pouco de sensibilidade para o meio, e sempre encontraremos alguma ocasião para incutir em nossos alunos o amor pela natureza.

Para mais informações:

https://innovarteinfantilesp.wordpress.com/2014/06/09/calles-con-nombres-de-arboles

https://innovarteinfantilesp.wordpress.com/2014/06/17/bautizando-calles-sin-nombre

https://innovarteinfantilesp.wordpress.com/2014/06/16/huertos-urbanos

https://innovarteinfantilesp.wordpress.com/2014/06/19/moras-de-morera-y-moras-de-zarza

__ **Fio 4**. Admirando a beleza cotidiana __

Na escola, preocupados com a formação cultural dos nossos alunos, normalmente mostramos a eles belas peças de arte, de literatura, de poesia, de música ou de escultura; ou seja, a beleza canônica, o que é considerado belo ou emblemático em uma disciplina. No entanto, raramente os ensinamos a valorizar a beleza cotidiana, essa que nos surpreende ao amanhecer do dia, em um campo, em uma frase dita, em um gesto, em uma sensação agradável, em uma flor ou em uma cesta de frutas.

É por isso que, sem ter que realizar nada especial – nenhuma unidade didática, nenhum projeto –, sempre incorporamos, em nossa prática, o olhar para a beleza cotidiana. Quando chega uma criança com as primeiras mimosas, com copos-de-leite ou com hortênsias, elogiamos – com naturalidade, sem espanto ou histeria – a beleza da flor ou do gesto.

Às vezes, ao entrar na sala, olhamos pela janela e nos surpreendemos com a cor do céu, ou com o momento do amanhecer, ou com um raio de sol que passa entre as nuvens pesadas, ou com a geada sobre os telhados, ou com a fumaça que sai das chaminés. Quando trazem frutas de suas hortas, ou conchas marinhas, ou folhas secas, sempre tentamos colocá-las em lindos cestos ou bandejas e ficamos maravilhados com a beleza da composição. Na primavera, é bastante comum que vários meninos e meninas nos tragam flores, e sempre pensamos em que vaso ou floreira vamos colocar, às vezes, provamos vários até que encontramos aquele de que gostamos mais.

É possível que seja uma questão de atitude, mas, para sermos capazes de admirar a beleza cotidiana, devemos exercitar muito o olhar, e isso não se alcança em um dia, deve ser fruto da perseverança e da naturalidade, lembrando que nem tudo que se faz na sala tem que desencadear uma atividade. Isso também merece uma reflexão, porque parece que nós, professores, temos a obrigação de buscar uma vertente didático-produtiva para tudo que fazemos: se lemos um conto, temos que fazer um desenho ou um resumo; se vamos a uma visita, devemos refletir sobre ela em uma redação; de tal modo que acabamos desvirtuando e confundindo objetivos tão elevados, líricos e artísticos como gostar de escutar as ondas do mar ou os pássaros, olhar o céu ou sentir o cheiro de uma paisagem. O básico, o elementar, o sensível, sem muitos enfeites, bem feito como uma atividade prazerosa, pode produzir muito mais benefícios – para a pessoa e para a criatividade – que qualquer outra atividade muito mais utilizada.

A seguir, mostraremos algumas imagens de brincadeiras que realizamos no pátio ou no jardim com as sombras, pintando com água, admirando nuvens ou capturando raios de sol, que não necessitam de mais explicações, apenas da nuance de se deixar levar pela surpresa da descoberta, bem como de fazer por puro prazer e desfrute.

Fio 4. Admirando a beleza cotidiana

Para mais informações:

https://innovarteinfantilesp.wordpress.com/2015/05/27/admiradores-de-nubes

https://innovarteinfantilesp.wordpress.com/2011/05/03/de-donde-viene-la-sombra

https://innovarteinfantilesp.wordpress.com/2015/06/01/modelando-la-sombra

https://innovarteinfantilesp.wordpress.com/2011/01/26/sombras-de-colores

https://innovarteinfantilesp.wordpress.com/2014/10/03/pintar-con-agua-arte-efimero

https://innovarteinfantilesp.wordpress.com/2013/04/27/el-arbol-de-las-cintas-de-colores

Fio 5. Dialogando com a arte

A arte em todas as disciplinas é uma constante em nossas salas. Sua presença pode ser circunscrita a duas funções: como inspiração e como produção.

Na decoração das salas de educação infantil, é bastante comum encontrar mascotes ou personagens das séries de TV, em uma – para nós, errônea – tentativa de conectar com os gostos das crianças. O gosto infantil tem que ser educado da mesma forma que os outros aspectos, de maneira que a estética da sala também faz parte da configuração desse modelo de beleza. Muitos estudos têm sido feitos sobre a incidência do espaço ou do ambiente com mais um elemento educador, por isso, lembramos, mesmo brevemente, que se deve tomar cuidado com qualquer imagem apresentada aos pequenos, mostrando-lhes a diversidade de pontos de vista que podem ter sobre um mesmo objeto ou cenário, e, para isso, a arte é uma fonte inesgotável de recursos, com uma riqueza de nuances que as imagens estereotipadas, de que falamos anteriormente, não podem superar. A arte deve ser uma fonte de inspiração contínua nas salas de educação infantil, isso para não dizer em qualquer espaço que seja habitado por pessoas.

Deve-se estabelecer um diálogo contínuo com o que a arte nos oferece, com as mensagens que nos comunica e com o que nós podemos transmitir por meio dela.

A necessidade da arte na educação é inquestionável, contudo, o modo pelo qual isso é feito pode fazer uma diferença substancial quanto aos efeitos que produz. Nos dias de hoje, é muito comum que o material de arte produzido para crianças conte com pequenos cadernos de trabalho, cuja maioria se reduz a apresentar obras de autores "clássicos", por suas cores, por seus traços ou por suas temáticas. Disso se pedem aos alunos cópias, buscas de elementos ou ampliações do que não se vê. Não ousaríamos dizer que isso seja prejudicial, mas o trabalho de produção plástica tem que ser algo mais, abrir vias para a criatividade.

Sabemos como é difícil para os meninos e as meninas saírem dos seus clichês plásticos, por isso o papel do adulto é determinante como fonte contínua de questionamento, indagação e diálogo entre a obra que se pretende realizar, os materiais plásticos e as crianças. Sempre destacamos os aportes artísticos do atelierista nas escolas italianas de Reggio Emilia e Pistoia, e ainda que aqui não se contemple essa possibilidade, não é obstáculo para que os docentes tentem assumir esse papel, apresentando materiais, ajudando a resolver problemas e mudando o olhar, enfim, facilitando o diálogo com a arte.

Embora sejam muitas as experiências de vida em que a arte teve um papel preponderante, selecionamos *60 dias chovendo, 60 nomes de chuva e 60 formas de chover,* por ser uma das mais abrangentes em relação às características do tempo, às produções plásticas e à relação com o cotidiano.

Quase nos atrevemos a afirmar que a observação do tempo é uma das rotinas mais instauradas nas salas de educação infantil. Algo que, como ato rotineiro, se repete todos os dias, seguindo os mesmos passos, com variações mínimas que conduzem à verificação das condições meteorológicas nos seus mais diversos registros. Finalizada essa ação, propõem-se outras atividades sem a menor conexão com ela. A observação do tempo pode ser um pretexto para o planejamento das atividades cotidianas, para a introdução das tecnologias, para um contato com a estatística ou para a iniciação da linguagem icônica. Mas, geralmente, fica naquilo. Pode-se dedicar mais ou menos minutos, mas não deixa de ser uma seção do "informe diário" que se realiza nas salas de educação infantil.

Neste capítulo mostraremos como – depois de uma interminável, incessante, ininterrupta, monótona, limitadora e devastadora temporada de chuvas vivida por nossa comunidade no outono-inverno de 2014-2015 – essa rotina pode converter-se em um eixo condutor das atividades diárias, irradiando para outros âmbitos, como o cultural, o artístico, o linguístico e o social.

Como todas as demais experiências, essa não foi planejada *a priori*, mas tem vida própria e vai acontecendo de acordo com os aportes feitos pelos participantes, no momento em que se realiza e, sobretudo, fundamentalmente com a permanência da expectativa com que se inicia. Nós a estruturamos em cinco momentos e finalização, que são as bifurcações ou as direções que foi tomando, mas sempre no mesmo foco ou eixo comum: a observação diária e ao vivo do tempo.

60 dias chovendo, 60 palavras para chuva, 60 modos de chover

O galego deve ser um dos idiomas com mais vocábulos relacionados com a chuva. Nossas tradições orais, nossa literatura, nossa arquitetura, nosso discurso estão impregnados de alusões à chuva, mas o tempo chuvoso desse outono foi algo que nos deixou cansados, já que não houve nenhuma pequena trégua ao longo de 60 dias.

Os fios da infância

Na volta das férias de Natal, continuamos com a rotina já iniciada nos meses anteriores: todos os dias, ao observar o céu e as previsões meteorológicas, dizíamos "Chove". Por isso, decidimos introduzir variações. Certamente chovia, mas nem sempre da mesma maneira ou na mesma intensidade. Lançando mão de um rico vocabulário galego, começamos a refinar um pouco mais as nossas apreciações.

Às vezes chove fininho [*miudiño*, no original]; outras vezes, de causar enxurrada; em outras, cai uma tormenta, ou um aguaceiro, ou uma chuva miúda e pouco intensa [*babuxa*, no original], ou uma chuva fria e com vento [*coriscada*, no original], ou um dilúvio, ou uma chuva fina e rápida [*orballada*, no original]. O galego dispõe de dezenas de palavras para nomear os vários tipos de chuva que temos, então começamos a chamar a chuva por seus nomes.

Ainda assim, quisemos deixar um constante registro plástico desse rico leque de denominações da chuva. Todos os dias, em algum momento, observávamos a cor do céu e as nuvens que originam cada tipo de chuva. Buscávamos a denominação mais ajustada àquela forma de chover e tratávamos de representá-la plasticamente. Sempre usávamos o mesmo tipo de suporte – sobre o qual se aplicava rapidamente a cor mais próxima do real, fazendo misturas diversas apenas com três cores: azul, branco e preto – e materiais variados com que tentávamos representar o tamanho, a intensidade e a variedade das gotas que caíam (miçangas, parafusos, fios, tecidos, algodão). Devemos ressaltar que, nesse caso, fomos nós que nos ocupamos da montagem por usar cola quente. Mas as crianças não foram meros espectadores, eram interlocutores entre a realidade e a representação, opinando, selecionando ou questionando o que era feito.

Posteriormente, também foram elas que se encarregaram de explicar a exposição que resultou disso, intitulada *25 quadros sobre a chuva e outros fenômenos*, que foi visitada por famílias e colegas e que incluía alguns textos com nomes, substantivos, adjetivos, verbos, expressões, ditos populares e provérbios sobre a chuva. Essa abertura à comunidade também é considerada muito rica, sobretudo levando em conta que muitas das famílias dos nossos alunos são de outras regiões ou países.

Esse trabalho nos possibilitou conhecer o vocabulário próprio da nossa língua, fenômenos meteorológicos, literatura, poesia, o ciclo da água, a linguagem plástica e muitas outras aprendizagens e experiências. Esse foi o ponto positivo dessa temporada de tanta instabilidade meteorológica: conhecer a riqueza linguística do galego.

Nas imagens a seguir, podem-se ver alguns exemplos das representações plásticas da chuva, todas elas acompanhadas dos seus respectivos títulos.

Exposição

"Aguaceiro"
[*"Chaparrón"*,
no original]

"Chovem canivetes"
[*"Choven chuzos de punta"*, no original]

Névoa espessa e baixa
[*"Borraxeira"*,
no original]

"Cortina de chuva"

"Granizo" (chuva
congelada que cai em
forma de pedras de gelo)
[*"Pedrazo"*, no original]

"Neve úmida" ["*Aguanieve*", no original]

"Tormenta" (chuva intensa e súbita que geralmente vem acompanhada de tormenta e vento) ["*Treboada*", no original]

"Dilúvio"

Guarda-chuva para quê?

E seguia chovendo e soprando o vento com tal intensidade que era raro o dia em que não encontrávamos guarda-chuvas quebrados nas latas de lixo que cercam a escola. Por isso colocamos um comunicado na porta, pedindo que nos entregassem esses guarda-chuvas para darmos a eles uma segunda vida mais artística.

Fio 5. Dialogando com a arte

Na sala, inicialmente vimos a utilidade do guarda-chuva, que vai mais além da estética, embora, às vezes, esta seja a única utilidade a que os meninos e as meninas prestam atenção. Falamos sobre a sua forma; refletimos sobre a sua utilidade, no caso de ter outra; vimos quais são os que cumprem melhor a sua função e, finalmente, os motivos pelos quais agora estavam destruídos. Quando perguntávamos às crianças qual seria o último destino deles, respondiam que era a lata de lixo. Nós as fizemos mudar de ideia, vendo as possibilidades do guarda-chuva como suporte de criações pictóricas. Com tinta acrílica e por grupos, aqui estão alguns dos resultados que foram expostos nos corredores do centro.

"Guarda-chuva jardim"
["Paraguas jardín", no original]

"Guarda-chuva céu arco-íris"
["Paraguas cielo arco iris", no original]

Exposição de guarda-chuvas

"Guarda-chuva chuva de verão"
["Paraguas lluvia de verano", no original]

Os temporais: *A grande onda* e *A caixa dos trovões*

Lá pelos meses de janeiro e fevereiro, nós todos ficamos surpresos com as ondas gigantescas que assolavam a nossa costa, por isso tivemos que buscar uma explicação para esse fenômeno, já que, até agora, para as crianças, as ondas faziam parte da diversão de um dia de praia no verão. Depois das contribuições de algumas delas, buscamos informações na internet e, assim, soubemos por que há ondas no mar, e não em uma piscina, em um rio ou em um tanque. Pudemos comprovar isso com um secador de cabelo apontado para um balde d'água. Também falamos das vantagens e da diversão com as ondas, bem como dos inconvenientes e perigos.

Em seguida, imediatamente fizemos associação com a magistral gravura *A grande onda de Kanagawa*, do japonês Hokusai, que também foi fonte de inspiração para outros artistas, incluindo Roy Lichtenstein, e para a peça musical *La mer*,[1] de Claude Debussy.

Para nossa surpresa, algumas crianças já conheciam a gravura, porque aparece em um episódio de uma série infantil. A visualização dessa gravura levou as crianças a acreditar que também poderiam representar as ondas com apenas duas cores. Assim, colocamos mãos à obra usando giz de cera, mas os resultados não foram muito do agrado delas, por isso repetimos com outras técnicas: fundo com rolo, pincel seco com dois tons de azul

---
1 N. E.: *O mar*, em português.

Fio 5. Dialogando com a arte

para a onda, canetinhas para barcos e têmpera branca com pincel fino para a espuma do mar. O conjunto de todas as reproduções também foi para a exposição intitulada *Grandes ondas*.

Enquanto isso, as tempestades com raios seguiam amedrontando e assustando tanto os meninos como as meninas, então decidimos dedicar um tempo a elas. Em primeiro lugar, foi necessária uma definição dos termos raios, trovões e relâmpagos, já que existe uma grande confusão entre esses três fenômenos, bem como uma associação errada – não rara – quanto à forma dos raios.

Escutamos trovões, vimos imagens de relâmpagos, falamos sobre suas consequências e que precauções adotar. Pudemos inclusive apreciar sua beleza, e, para isso, usamos a sugestiva e emblemática intervenção *Lightning field*,[2] de Walter De Maria, instalada no deserto do Novo México, nos anos 1970.

Lightning field

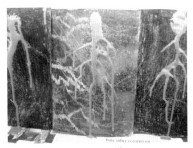
Raios, trovões e relâmpagos

Para finalizar, fizemos uma representação dos relâmpagos com "pintura autônoma". Sobre uma base de cartolina coberta de giz de cera e depois riscada, deixamos escorrer uma gota de tinta, que, colocada na vertical, vai se ramificando de forma similar aos relâmpagos.

Mas os nossos alunos queriam uma representação dos trovões, raios e relâmpagos para incrementar a exposição da chuva. Esse foi um desafio

---

2 N. E.: A instalação *Lightning field* (ou *Campo de raios*, em português) consiste em 400 estacas de aço inoxidável polido, fincadas na terra e rigorosamente equidistantes entre si, as quais atraem as descargas elétricas causadas pelas constantes tempestades que ocorrem na região.

para nós, já que capturar o som, os *flashes* de luz e as sensações que produzem não nos parecia nada fácil. Depois de pedir a ajuda de outras professoras, fomos reunindo instrumentos musicais cujo som lembra o de trovões e tempestades. De um deles nem conhecíamos o nome, mas reconhecemos seu som, pelo qual foi chamado de "Fazedor de trovões". Outros, como o "pau de chuva", depois de descobrirmos o que havia dentro deles para fazerem esse som tão similar à chuva, deram ocasião a que fizéssemos nossos próprios paus de chuva caseiros.

"A caixa dos trovões"

"A caixa dos trovões" (detalhe)

"A caixa dos trovões" com o pau de chuva e o "Fazedor de trovões"

Homenagem ao Sol

Por fim, um dia do mês de março, depois de três meses de chuva, apareceu o Sol brilhando com toda a sua força, luz e esplendor, e com ele, a alegria. Havia uma atmosfera festiva pelas ruas e pelos parques infantis. Nunca tínhamos sentido tanto a sua falta. Nossos alunos não se cansavam de ficar ao ar livre e de olhar o céu azul. Assim, quisemos fazer nossa homenagem particular ao Sol que nos dá tanta vida. Foi algo muito rápido e espontâneo, por isso usamos a técnica de gotejar a tinta diretamente do pote, deixando que ela mesma se movesse livremente. Como não poderia deixar de ser, as cores escolhidas foram brilhantes, cheias de faíscas e de luz. Os materiais usados foram têmpera líquida sobre papelão.

Fio 5. Dialogando com a arte

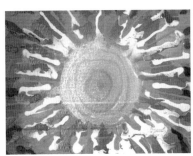

"*Depois do temporal*" ["*Tras el temporal*", no original]

"*Sol*"

Exposição "Homenagem ao Sol"

Exposição "Homenagem ao Sol" (detalhe)

A trégua durou aproximadamente dez dias, logo voltou a chover, mas, aos nossos olhos, já não chovia como choveu no inverno. Inclusive, em algumas ocasiões, a chuva vinha acompanhada de arco-íris. A maior parte das vezes era chuva fina, por isso intitulamos o quadro de "*Chove fininho*" ["*Chove miudiño*", no original], em homenagem aos famosos versos de Rosalía de Castro, poetisa galega mais conhecida.

"*Chove fininho*" ["*Chove miudiño*", no original]

"*Chuva de verão*"

"*Chuva do arco-íris*" ["*Chuvia do arco da vella*", no original]

Os frutos da chuva: As botas de morangos

Quando chegou a primavera, a lembrança da prolongada temporada de chuvas nos fez valorizar de outro modo os dias em que, mesmo não sendo esplêndidos, pelo menos não chove. Contudo, não queremos que fique uma má recordação de um trimestre tão produtivo do ponto de vista das aprendizagens realizadas. Nosso clima é diferente, mas nos diferencia e nos define. Isso nos limita, mas também nos dá outras possibilidades que não estão disponíveis em lugares mais quentes; por exemplo, a fertilidade da nossa terra e das nossas plantas.

Por isso, como encerramento de uma etapa, decidimos plantar morangos nas botas para chuva (as *katiuskas*) já descartadas por estarem danificadas ou porque ficaram pequenas.

Uma metáfora vegetal como recordação dessa experiência.

Botas de morangos (materiais)

Fio 5. Dialogando com a arte

Botas de morangos (localização)

"Água doce. Quando a água é arte"

Como se tivesse caído do céu e coincidindo com o final do semestre, foi inaugurada, na Cidade da Cultura de Santiago de Compostela, a macroexposição *Água doce. Quando a água é arte*. Não podíamos imaginar um fechamento melhor para o nosso trabalho do que uma visita didática a alguma das 700 obras que a integravam.

Tendo feito contato com o Departamento Didático do Museu da Cidade da Cultura e explicado nosso projeto escolar, convidaram-nos para visitar a exposição *Água doce* e deixar expostas algumas de nossas produções plásticas. Isso veio para preencher uma de nossas reivindicações históricas: que os centros museológicos contemplem a possibilidade de dar lugar e voz aos alunos para que suas intervenções artísticas possam dialogar com os autores consagrados.

Não queremos museus para crianças; o que pedimos é que as salas expositivas sejam mais abertas e democráticas. Acreditamos que esses tipos de ações teriam uma repercussão na sociedade em geral, mudando o seu olhar sobre o que as crianças fazem nas escolas, ao mesmo tempo que as crianças se sentem representadas nesses lugares, inicialmente concebidos para adultos que também desejam que os pequenos os frequentem.

Esse trabalho teve uma grande repercussão na comunidade, porque foi divulgado enquanto se realizava. Além disso, utilizamos os corredores da escola como espaço expositivo, que foi visitado todas as tardes e nos dias de portas abertas. Nossos alunos foram perfeitos guias de seus colegas, explicando-lhes todas as suas realizações plásticas.

Vale recordar o que apontamos no início: muitas famílias de nossos alunos não são de origem galega; em consequência, não conhecem a riqueza linguística da língua galega. Eles não faziam grandes diferenciações quanto à chuva, seu vocabulário, suas expressões e suas formas. E claro, a maior parte deles, apesar de conhecer o clichê "Santiago, onde a chuva é arte", não tinha percebido o alcance desse *slogan* publicitário.

Essa foi uma das experiências que chamamos de "elásticas", porque sabemos quando e como começam, mas o que não podemos antecipar são as possibilidades que elas vão abrir, e, nesse caso, foram muitas. Também mudou o olhar negativo que quase todas as crianças têm sobre a chuva, pois limita seus movimentos, seus passatempos e seus prazeres infantis.

Nossa maior satisfação é quando as ouvimos afirmar que está chovendo de uma forma concreta; elas fazem isso com uma precisão terminológica da qual os adultos às vezes carecem.

Para mais informações:

https://innovarteinfantilesp.wordpress.com/2014/02/11/60-dias-lloviendo-60-nombres-de-la-lluvia-y-60-modos-de-llover

https://innovarteinfantilesp.wordpress.com/2014/02/12/paraguas-para-que-para-la-lluvia

https://innovarteinfantilesp.wordpress.com/2014/01/10/la-gran-ola

https://innovarteinfantilesp.wordpress.com/2013/03/11/rayos-truenos-y-relampagos

https://innovarteinfantilesp.wordpress.com/2014/02/13/la-caja-de-los-truenos

https://innovarteinfantilesp.wordpress.com/2014/03/10/homenaje-al-sol

https://innovarteinfantilesp.wordpress.com/2014/03/21/botas-freseras

Fio 6. Projetando-nos na comunidade

A maioria das pessoas tem uma ideia sobre a escola de educação infantil que não corresponde exatamente à imagem que gostaríamos de transmitir, por isso consideramos necessário cuidar de como a escola se projeta para a comunidade, mostrando-a inteligente, culta, profissional e aberta, distante dos estereótipos pueris. Toda vez que saímos com nossos alunos pelas ruas, toda vez que enfeitamos as vidraças da escola, toda vez que enviamos um comunicado, colocamos um cartaz ou programamos um evento, estamos nos mostrando e expondo nossa maneira de entender a educação, a escola, a infância e a docência. Isso pesa mais que todas as declarações de intenções que fazemos nos ideários ou nos documentos programáticos do núcleo. Por isso, tomamos especial cuidado para que os contributos feitos da escola para a comunidade sejam nossa carta de apresentação. Ademais, temos a nosso favor que sempre se olha com atenção o que provém das crianças.

Mostraremos três exemplos: o primeiro, "Libertando poemas", realizado no Dia Mundial da Poesia; outro, "Kartonlibros", alusivo ao Dia das Letras Galegas; e o terceiro, "Milladoiro 11_14", para a despedida de uma turma de alunos.

Libertando poemas

Em sala, gostamos da leitura de poemas e sempre há espaço e muitas atividades relacionadas à poesia, o que nos faz sentir pena das pessoas que não têm a oportunidade de fazer isso, seja porque desprezam a poesia por nunca terem sido aconselhadas adequadamente, seja porque não têm acesso a ela.

Em uma ocasião, lemos um poema intitulado *Los versos encerrados*, do livro *Los versos del libro tonto*,[1] de Beatriz Giménez de Ory, publicado pelo selo editorial Factoría K de Livros, que nos dizia que os livros fechados se tornam bobos e que os versos trancados parecem estar mortos; por isso, ao modo do *bookcrossing*,[2] decidimos libertar poemas. Fizemos uma seleção de alguns dos nossos preferidos, tanto em galego como em espanhol, imprimimos com uma explicação da nossa iniciativa, pedindo que quem o encontrasse e desfrutasse dele, depois o deixasse em algum lugar ao alcance de outras pessoas, para que também pudessem ler e aproveitar. Também convidávamos a pessoa a nos enviar uma foto da localização do poema, para que pudéssemos saber até onde havia chegado.

No Dia da Poesia, cada menino e menina levou um desses folhetos e, com a ajuda de seus pais, libertaram poemas por toda a cidade: nas lojas, nos saguões, nos parques, no mercado, nos clubes. Onde havia gente devia haver um poema libertado de um livro, deixado ao ar livre para alegrar o dia de alguém.

---

1 N. T.: *Os versos trancados*, do livro *Os versos do livro bobo* (em tradução livre).
2 N. E.: Prática de deixar livros em lugares púbicos para serem encontrados e lidos por outros leitores, os quais, depois, voltarão a "libertá-los".

Fio 6. Projetando-nos na comunidade

Durante várias semanas, recebemos mensagens e fotos da jornada e dos atuais posicionamentos dos poemas libertados em semáforos, árvores, escorregadores, na Muralha de Lugo, na neve, no cinema ou na piscina. Sabemos que, em grande medida, isso deve ter sido um resultado da participação das famílias dos alunos; mesmo que tenha sido, não foi insignificante.

Para mais informações:
https://innovarteinfantilesp.wordpress.com/2014/03/14/liberando-poemas
https://innovarteinfantilesp.wordpress.com/2014/03/28/donde-estan-los-poemas-liberados

Kartonlibros

Uma amiga nos trouxe um lindo presente da Argentina: um exemplar de um livro da Eloísa Cartonera, uma cooperativa argentina das chamadas editoras cartoneras, situada no popular bairro portenho de La Boca. Uma iniciativa alternativa que surgiu no ano de 2002, depois da crise por que passou o país, e que queria competir com as grandes editoras. A cooperativa vende livros com textos de autores que lhe cedem os direitos de edição, faz as capas com papelão comprado a um preço justo dos catadores de papel que recolhem papelão pela cidade, as quais, depois, são ilustradas e coloridas por crianças em risco de exclusão social. Os livros, finalmente, são vendidos a um preço baixo, porque acreditam que a cultura deve ser acessível a todos, inclusive para aqueles com menos possibilidades. Os rendimentos ajudam a melhorar as condições de todas essas pessoas marginalizadas. Depois de 10 anos da criação da Eloísa Cartonera, atualmente existem mais de 50 editoras cartoneras em todo o mundo.

Gostamos tanto da iniciativa que não demoramos em decidir fazer algo parecido com os nossos alunos. Justo agora, neste tempo dos livros, das letras, de tantas e tantas celebrações ao redor da leitura, queríamos fazer algo que também facilitasse para que nas casas escolhidas por eles houvesse um livro com os poemas de que mais gostamos ao longo dos anos que passamos juntos.

Isso implicou um trabalho matemático para o corte do papelão, aproveitando ao máximo cada caixa que nos haviam dado os estabelecimentos comerciais da região; o conhecimento de um livro por dentro, dos detalhes nos quais habitualmente não se repara, como a função das guardas, a necessidade de coleta dos dados de identificação – local e data de edição –, de paginação e de ilustração. Menção especial merece o processo de seleção dos textos, a exposição pública dos livros, bem como o envio aos seus destinatários.

Elaboramos um livro cartonero com todas as regras, utilizando materiais reciclados cedidos pela comunidade para que, depois da intervenção das crianças, pudesse reverter em benefício das pessoas, fomentando o amor pelos livros e pela leitura.

Para mais informações: https://innovarteinfantilesp.wordpress.com/2012/05/14/poemas-gallegos-en-el-kartonlibro

Fio 6. Projetando-nos na comunidade

Milladoiro 11_14

Pela nossa escola passam centenas de crianças, que geralmente permanecem três anos e, depois, seguem para iniciar no ensino fundamental I em outros centros, deixando uma bonita lembrança, que, inevitavelmente, vai se diluindo com o tempo. Por isso, sempre nos contrariava o fato de não ficar nenhuma marca física de sua passagem. Então, nesse final de curso, começamos o que logo se converteu em uma tradição: a recordação de cada turma por meio de uma intervenção escultural que fique no núcleo. O Milladoiro, onde está a escola, é a última passagem antes da chegada a Compostela. De fato, o nome desta localidade se diz ter vindo de:

- Da derivação de "humilladoiro", lugar onde os peregrinos se prostravam diante da visão das torres da catedral no horizonte, depois de um longo e difícil caminho.
- Há quem diga que vem de "miradoiro", lugar de onde se avistava Compostela.
- Milladoiro de pedras, em que os caminhantes, desde os tempos ancestrais, deixavam uma pedra como sinal da sua passagem.

Hoje em dia, dezenas de peregrinos passam diante da escola, e inclusive entram para carimbar sua credencial, sendo algo rotineiro para nossos alunos ver passar grupos de peregrinos a pé, a cavalo ou de bicicleta, de modo que sempre os cumprimentam com alegria. Poucos caminhantes, porém, sabem da origem do Milladoiro, deixando a impressão de que é uma típica população de um complexo industrial.

Os fios da infância

A escultura "Catedrais", uma composição de placas de pedra do artista galego Manolo Paz, nos inspirou sobre o que fazer como recordação de todas as crianças que passam pela escola. Então, como um gesto de cumplicidade à tradição e como uma homenagem a cada turma, decidimos fazer um "Milladoiro de meninos e meninas".

O resultado para nós foi magnífico, apesar do trabalho da preparação prévia. Cada criança colocou seu nome em uma pedra que passou a ser parte de uma das cinco torres-*milladoiro* (uma para cada grupo que se vai); na base, a pedra maior, da tutora, terminando com as de especialistas e apoios. No futuro, quando passarem pela escola, saberão que ali viveram três anos da sua infância e que são parte de uma escultura que simboliza tanto o nome e a origem da cidade, quanto sua passagem pelo núcleo. E todos os peregrinos que passarem em frente à escola poderão ler em um painel informativo – em uma chapa de policarbonato – as origens desse topônimo.

Uma escultura no meio do caminho entre o mais ancestral, como os *milladoiros* no megalítico, e o mais atual, as intervenções *rock balancing*.

Como qualquer um pode supor, esta obra superou nossa capacidade operativa, por isso, a colaboração dos departamentos de obras e de educação da prefeitura foi muito valiosa, tanto pela facilitação da infraestrutura como para a posterior divulgação dessa contribuição ao patrimônio municipal por parte das crianças da escola infantil.

Acreditamos que, nos dias de hoje, caminhantes e habitantes (em sua maioria, procedentes de outros países) sabem um pouco mais desta cidade

que tem muito que contar de sua história e suas origens.

Qualquer uma dessas três intervenções tem sido uma carta de apresentação da escola, bem como do que podem fazer as crianças pequenas.

Para mais informações:
https://innovarteinfantilesp.wordpress.com/2014/06/29/intervencion-artistica-final-milladoiro-11_14

Fio 7. "Abrindo a boca" e saboreando a vida

Quando as crianças começam a frequentar a escola, seu repertório de gostos e de sabores costuma ser bastante limitado, seja porque não se ofereçam a elas novos alimentos, seja porque prevaleça nelas a resistência ao desconhecido. Nós, que gostamos de provar alimentos ou preparações culinárias novas, sabemos que elas são uma fonte de prazer e de experiências ilimitadas; por isso, consideramos que, além de fomentar a alimentação saudável, temos que ajudar as crianças a "abrir a boca", a provar novos sabores, percebendo e nomeando as sensações que eles nos provocam.

Logo nas primeiras reuniões com as famílias, apontamos a importância dessa questão. Assim, depois de conhecer as possíveis intolerâncias das crianças, pedimos que nos levem mel, produtos naturais e frutas das hortas de suas casas ou da casa dos seus avós. Vale destacar que, para nós, a hora do lanche da manhã é um momento tão educativo como outro qualquer, que tratamos de vivenciar com naturalidade, conversando, compartilhando, adquirindo hábitos de alimentação saudável, de relação, de camaradagem à mesa e de higiene. É um tempo sem pressa e sem pressão. Não temos controle sobre o café da manhã nem sobre o almoço, porque não são de responsabilidade da escola; apesar disso, tratamos de colaborar, de compartilhar os cardápios e as informações com as monitoras, em especial com relação à alimentação das crianças.

Quando uma criança chega com um pote com uvas ou qualquer outra fruta colhida em sua horta, nós a cheiramos, a observamos e, se possível, todos desfrutamos conscientemente desse presente, tentando identificar e nomear todas as sensações que nos causa: olfativas, gustativas, visuais e sinestésicas. Muitas vezes, esses presentes acabam culminando em aprendizagens sobre a origem daquela fruta, seu cultivo, seus usos, as tradições ligadas a ela ou sobre a sua presença na arte, na literatura ou na música.

Como este talvez seja um dos aspectos que mais trabalhamos, a seguir, abordaremos resumidamente algumas dessas experiências, deixando, como sempre, a possibilidade de aprofundar as informações por meio do *blog*.

Antes de começar, queremos assinalar que, apesar de as TVs, os colégios e as atividades extraescolares atualmente estarem repletos de *chefs* que fazem pratos autorais, o que está aqui registrado não é um fazer por fazer, mas experiências que surgem do fio que se está trabalhando em sala, das quais a comunidade participa, e que o resultado, isto é, o prato, talvez seja o que menos importe, diante dos ricos processos de conhecimento e de sensações.

Pão de milho, *borona*

Chegado o outono, é comum que, nas casas das crianças que vivem na zona rural perto de nossa escola, seja feita a colheita de milho, que hoje serve quase que exclusivamente à alimentação das galinhas que criam. No entanto, devemos lembrar que, até pouco tempo atrás, o milho era a base do sustento da população galega. As construções populares relacionadas com seu processamento (celeiros, moinhos, fornos) mostram isso, tal qual a rica tradição oral, aspectos que os nossos alunos desconhecem, assim como não sabem que o milho está presente em muitos outros alimentos que eles sequer imaginam.

Um avô nos deu de presente espigas de milho de distintas variedades, com a intenção de que nos servissem para alimentar os pássaros que vêm ao pátio, mas decidimos dar a elas um uso mais tradicional, elaborando pão de milho, chamado *borona* aqui na Galícia. Pouco a pouco, a sala foi se enchendo de espigas de todos os tamanhos e tipos, com muitos dos alunos ansiosos com a ideia de encontrar "uma rainha" (espiga vermelha, roxa ou negra). Observando as espigas, foram surgindo perguntas e hipóteses, que tratamos de confirmar ou de descartar:

- Se os cabelos e a casca nos indicavam qual seria a cor da espiga.
- Se a farinha que pode ser obtida e o pão seriam da cor dos grãos de milho.
- Se as espigas com duas cores se devem ao fato de terem plantado dois grãos juntos.

Descobrimos as respostas para muitas dessas questões ao observar, ao tocar, ao descascar, ao moer os grãos em um moedor elétrico de café, ao peneirar em um coador, ao cheirar.

Em seguida, com a farinha de milho que uma família nos deu, fizemos pão de milho ao estilo tradicional. Cada criança fez dois pãezinhos; um para degustar em sala e outro para levar para casa.

Esse trabalho despertou interesse nos outros alunos da escola, e as crianças serviram de "guias" dos outros, explicando em detalhes aos seus companheiros desde o processo de cultivo do milho, passando pela sua presença em muitos alimentos que consomem constantemente, até a produção da *borona*.

Para mais informações:
https://innovarteinfantilesp.wordpress.com/2011/10/28/pan-de-maiz-borona

Pão de sementes de girassol

Trabalhamos de modo similar em outra ocasião, em que fizemos um pão de sementes de girassol, usando as sementes de um girassol que havíamos plantado na primavera (junto com outras que compramos). Nesse caso, focamos a atenção no processo de fermentação, observando como a massa crescia mais e mais conforme o tempo ia passando, ainda que seu peso continuasse igual. A massa, uma balança de cozinha, uma fita métrica e um relógio nos permitiram fazer anotações das mudanças, até que, finalmente, o pão de sementes e óleo de girassol ficasse pronto.

Para mais informações:
https://innovarteinfantilesp.wordpress.com/2011/09/28/pipas-de-girasol

Pão de azeite e azeitonas

No outono, um pai nos trouxe um ramo de oliveira cheio de azeitonas. Então, em um primeiro momento, depois de conhecer a árvore e seus frutos, ficamos animados para realizar uma degustação de azeite: com torradas, com tomates e orégano e com queijo. Fez tanto sucesso que continuamos indagando sobre os usos do azeite e das azeitonas, especialmente em preparações em que estes fossem os ingredientes principais. Nada tão simples como o pão, nesse caso, o pão italiano "pobre" – *a focaccia* –, enriquecido com azeite e decorado com azeitonas. Em uma terceira fase da experiência, meses depois, contamos com a colaboração de uma bióloga dedicada à produção de azeite com uma variedade de azeitonas galegas nativas, que ensinou as crianças a degustarem esse azeite com combinações inusitadas, como com laranja ou com chocolate. No final, presenteou a escola com seis plantas dessa variedade de oliveira, que passaram a formar parte do pomar do núcleo.

Para mais informações:

https://innovarteinfantilesp.wordpress.com/2014/10/27/aceite-i-aceitunas-y-olivos

https://innovarteinfantil.wordpress.com/2014/10/29/aceite-ii-pan-de-aceite-e-olivas

https://innovarteinfantilesp.wordpress.com/2015/03/19/aceite-iii-degustacion-de-aceite-y-plantacion-de-olivos-a-brava

Os fios da infância

Degustação de uvas

Chegado o momento da colheita de uvas, é bastante comum que os pequenos tragam uvas para a sala. Assim, em uma ocasião na qual reunimos distintas variedades, pudemos observá-las, classificá-las, etiquetá-las e formular hipóteses sobre a cor do suco, do mosto[1] e do vinho que se obteria delas. Utilizando espremedores de alho, cada criança selecionava um tipo de uva e dizia que cor de suco achava que se extrairia. Provamos os diferentes sucos, descobrindo qual era a uva que produzia mais suco, qual era mais doce, qual mais azeda.

Embora em muitas casas da área rural ainda se faça vinho para consumo próprio, nos dias de hoje, as crianças não participam dessas tarefas, nem sabem nada do processo de produção. Por esse motivo, foi necessário recorrer a vídeos na internet para poder ilustrar o que lhes havíamos contado.

Para mais informações:
https://innovarteinfantilesp.wordpress.com/2010/10/04/cata-de-uvas

Degustação organoléptica[2] de mosto

Certa ocasião, porque um menino e uma menina nos haviam levado mosto de uva da casa de seus familiares (um da Galícia e outro da Samora), fizemos o que agora se chama de degustação organoléptica de mosto, comparando os dois tipos, levando em conta a cor, o cheiro, a textura na língua, a doçura, a permanência na

---

1 N. E.: sumo de uvas frescas, sem fermentação.
2 N. E.: que aciona os sentidos (olfato, visão e paladar).

boca. Muitas dessas sensações são induzidas por nós, mas foi muito curioso como prestavam atenção a todos esses aspectos, algo que continuaram a fazer durante muito tempo cada vez que bebiam.

Para mais informações: https://innovarteinfantilesp.wordpress.com/2011/10/10/cata-organoleptica-de-mosto

Degustação de cerejas de maio

Chegado o mês de maio, quase todas as crianças trazem cerejas para o lanche e quase todas são diferentes: umas mais vermelhas, outras maiores, umas mais macias, outras mais doces, umas com a polpa mais dura e outras com o caroço menor. Por isso, um dia, decidimos fazer uma degustação de cerejas. Fomos presenteados com um grande cartaz com 24 variedades de cerejas, cada uma delas com seu nome, informação sobre sua origem, tamanho, forma, cor, sabor, floração, maturação, pedúnculo, resistência a rachaduras e dureza, o que nos deu uma ideia dos aspectos a observar.

Reunidas sete variedades, em um primeiro momento, fomos prestando atenção a detalhes como origem, peso (tamanho), forma (achatada, redonda, coração, alongada, com bico), cor (vermelho, vermelho-claro, vermelho-escuro), pedúnculo (curto, médio, longo), fazendo todas as anotações em uma tabela.

Então, imediatamente passamos à degustação. Para isso, nós nos preparamos como profissionais: com um copinho de água para "lavar a boca" entre uma degustação e outra. E, assim, as crianças foram notando as sensações no paladar quanto à firmeza (dura, macia, crocante), ao sabor (doce, muito doce, pouco doce, agridoce) e ao tamanho do caroço (grande, pequeno).

Para mais informações: https://innovarteinfantilesp.wordpress.com/2012/05/24/cata-de-las-cerezas-de-mayo

Temos realizado muitas outras degustações, como a do mel, a das amoras, a do coco ou a de geleias de outono. Todas sempre seguem o mesmo padrão: depois que as famílias trazem esses alimentos, buscamos informações sobre sua origem, suas propriedades, seus usos e seu vínculo com a cultura, enriquecendo nosso vocabulário e nosso repertório de sensações.

Para mais informações:

https://innovarteinfantilesp.wordpress.com/2011/10/13/dulce-como-la-miel

https://innovarteinfantilesp.wordpress.com/2010/11/29/citricos

https://innovarteinfantilesp.wordpress.com/2012/10/08/cata-de-mermeladas-de-otono

https://innovarteinfantilesp.wordpress.com/2014/06/19/moras-de-morera-y-moras-de-zarza

https://innovarteinfantilesp.wordpress.com/2013/05/22/los-arboles-alimentan

Fio 8. Destampando o nariz

O olfato é um sentido que nos proporciona muitas informações sobre o entorno, com o qual ele nos permite estabelecer um relacionamento. Na escola, porém, não se dá a importância que o olfato merece. Por isso, em nossas salas, temos a expressão "Destampando o nariz!", a qual, quando verbalizamos, as crianças já sabem que vão trabalhar com o nariz, algo que acham muito divertido, porque, supomos, não é comum que o façam conscientemente, dedicando um tempo específico a isso.

Qualquer ocasião é boa para trabalhar com o nariz: quando chegam pela manhã cheirando a gel ou a sabonete de banho, a leite com chocolate ou a colônia; na hora do lanche, quando abrem suas lancheiras e tiram seus sanduíches de frios ou suas frutas da época; às vezes, o cheiro nos chega pelos corredores, da sala dos colegas, dos banheiros ou da cozinha do refeitório da escola. Às vezes, o cheiro nos faz recordar momentos vividos, e essas sensações são únicas para cada um de nós. No entanto, como todo o resto, o olfato deve ser exercitado, tem que fazer ginástica como qualquer outra parte do corpo para que esteja pronto, para que saiba aonde ir e para que seja capaz de reconhecer e identificar um cheiro entre muitos outros. Dizem que o nariz humano pode reconhecer e identificar dez mil cheiros, e, na escola, nós o reduzimos a cheirar bem ou mal.

Como costumamos dizer, trabalha-se a qualquer momento e não requer nenhum conhecimento científico. Entretanto, lembramos que, quando começamos a trabalhar, em todas as salas de educação infantil havia uma caixa com essências (acreditamos que enviadas às escolas como material básico), as quais, na realidade, não cheiravam nada além de madeira, mofo ou pó, em razão das condições de umidade da escola. Dessa maneira, havia quem dissesse que não era possível trabalhar os cheiros. Seria uma questão de destampar o nariz.

A chegada da primavera sempre nos brinda com magníficas oportunidades para cheirar a vida: podemos cheirar o ar fresco das manhãs, a terra molhada pela chuva, a grama cortada, as flores que as crianças nos trazem de suas casas ou do campo, ou a alegria de um dia ensolarado. É por isso que, nessa época, damos tanta importância a esse aspecto, chegando a dedicar a ele aulas inteiras, como relatamos nos exemplos a seguir.

AromatizArte I: a salsinha

Nas últimas semanas de curso, perto da chegada do solstício de verão, os campos e as hortas dos familiares se enchem de flores e de ervas aromáticas, que vão enviando para a sala. Então, decidimos dedicar a elas um espaço denominado AromatizArte, em que, basicamente, trabalhamos com o nariz. Desse modo, em um primeiro momento, fazemos isso com tudo o que nos é enviado, e nos dedicamos cada dia a uma erva em especial, guardando em nossa memória olfativa seu aroma, além de conhecer seus usos.

Começamos pela salsinha, por ser a que mais rapidamente as crianças reconheceram, por vê-la na cozinha das suas casas. As crianças sabiam que, com ela, tempera-se a carne, mas desconheciam seus outros usos na cozinha, na medicina ou na aromaterapia. Elaboramos um cartão no qual colocamos um ramo de salsinha para levar para casa, com informação sobre infusões e com a dica de misturar um punhado de salsinha na água para um banho relaxante na banheira.

AromatizArte II: água de rosas

Na segunda sessão, usamos as rosas, as quais cheiramos, notamos a sua suave ou intensa fragrância, tratamos de averiguar se o cheiro provém das pétalas ou da corola, fizemos classificações pela cor, pela quantidade de pétalas, pelo tamanho das rosas etc. Com as pétalas decidimos fazer um frasco de água de rosas, para nos perfumarmos e perfumar a quem quisermos. Enquanto maceravam na água, fizemos a etiqueta do perfume com o nome "Água de rosas", os ingredientes e o nome do "nariz" que havia criado essa água perfumada. Passadas umas horas, coamos, engarrafamos e embalamos o precioso presente do dia.

Fio 8. Destampando o nariz

AromatizArte III: saquinhos espanta-insetos

A terceira sessão foi determinada pelo que se passou nos dias anteriores, quando haviam aparecido traças na sala, e um menino se preocupou muito, porque nos disse que em sua casa elas tinham comido uma cadeira. Aos seus colegas, isso pareceu algo impossível, mas, ao longo de vários dias, focamos o nosso interesse nas traças. Fizemos um pequeno trabalho de investigação intitulado "A traça que comeu uma cadeira". Nós conhecíamos os tipos de traça existentes (de roupas, de livros, de maçãs, de batatas, de madeira), então, tratamos de saber qual seria o interesse das traças de nossa sala. Concluímos que elas vinham das castanhas que ainda conservávamos desde o outono anterior.

Quando solicitamos informações às famílias, quase todas falaram das traças nas roupas, dos danos que ocasionavam e dos métodos que usavam para evitá-las: saquinhos perfumados, pulverizadores, ventilação etc. Por isso, no contexto da AromatizArte, retomamos o tema: vimos as vantagens do uso das ervas aromáticas para prevenir essas pragas. A melissa, o alecrim e a erva-cidreira, além de suas propriedades e de seu uso como tranquilizantes, aromatizantes ou na cosmética (creme dental, xampu etc.), são repelentes naturais contra os insetos. Dessa maneira, preparamos saquinhos perfumados com essas ervas, para as crianças colocarem em seus quartos e armários, tratando de incutir nelas a ideia de respeitar o meio e a vida, sem usar os prejudiciais aerossóis.

AromatizArte IV: rosquinhas de anis (erva-doce)

A quarta sessão foi usada para conhecer o anis, uma planta que, em nossa região, encontra-se comumente ao longo das ruas. Observamos seus curiosos talos e folhas como filamentos, suas flores e suas sementes: descobrimos a estrutura fractal dessa planta, em que cada rama é como uma reprodução em menor escala. Esfregamos as mãos com elas, para nos impregnarmos de seu cheiro não tão conhecido pelas crianças. Como havia quem dissesse que o anis cheirava a doce, decidimos dar a ele esse uso, preparando rosquinhas cujo ingrediente diferenciador são a essência e as sementes de anis. Com a colaboração do pessoal da cozinha, degustamos saborosas rosquinhas, as quais as crianças também puderam levar para suas casas, junto com a receita.

AromatizArte V: narizes

A mãe de um aluno quis colaborar com a AromatizArte enviando-nos uma grande variedade de essências – já que ela trabalhava na indústria alimentícia. Assim, pudemos brincar de adivinhar os cheiros apresentados: alho, café, erva-doce, orégano, eucalipto. Como são muito mais intensos, as crianças se confundiam com alguns deles. Com aqueles como laranja ou limão, de imediato associavam a balas, guloseimas ou sorvetes. Depois de todas as amostras, fizemos a comparação entre o cheiro natural e a essência. Falamos de como se chamam as pessoas que trabalham com o nariz, aquelas que se dedicam profissionalmente a cheirar; do quão grato ou ingrato pode ser esse tipo de trabalho – dependendo do que a pessoa tenha que "degustar" –; da variedade de cheiros que elas podem reconhecer e de como aprenderam: cheirando e praticando, como qualquer outra destreza.

AromatizArte VI: inalação de eucalipto

Já em pleno inverno, ocasião dos catarros, das bronquites, das tosses, das gripes etc., descobrimos uma árvore que é a mais abundante no bosque que vemos através da janela da sala: o eucalipto. As crianças conheciam as balas de eucalipto, sabiam que essas árvores estão presentes na Austrália, onde vivem os coalas, e algumas crianças, inclusive, já tinham visto familiares fazendo inalação de eucalipto.

Vimos as diferenças entre as folhas dos eucaliptos mais jovens e as dos mais velhos; quais são as que concentram mais aroma; os efeitos da contaminação das folhas; reconheceram a cor verde de difícil identificação das folhas (diferente na frente e atrás). Porém, e sobretudo, quisemos focar nos usos do eucalipto como remédio caseiro. Decidimos que seria enviado um punhado de folhas para serem usadas nas casas com os familiares que necessitassem, que foi acompanhado de uma bula – um texto instrutivo com certas características, estrutura e elementos fixos que o diferenciam de qualquer outro texto – contendo: composição, propriedades, indicações, contraindicações, forma de uso e precauções.

AromatizArte VII: eu cheiro a...

Em outra ocasião, perguntamos aos nossos alunos qual era o cheiro de que mais gostavam. Então, começaram a nos dar nomes de marcas de colônias infantis. Não era isso que nos interessava, e sim saber qual era o cheiro dessas colônias. Supusemos que eles gostavam desses produtos porque são fruto do *marketing* que rodeia todos os personagens televisivos a que assistem, e que, se fossem apresentados com outras "embalagens", não atrairiam sua atenção. Havia alunos que usavam a mesma marca e outros que não usavam nenhuma.

Focalizamos a atenção no fato de que cada um deles cheira de modo diferente, o que reflete tanto sua personalidade quanto seus gostos, quase independentemente do perfume que usam.

Sabemos que o êxito dessa atividade reside na carga afetiva que se coloca, na singularidade de cada um deles e na identificação com o aroma que se detectou. De um em um, foram passando pelo "nariz" *expert*, que, com muito ritual, detectava e finalmente dava seu "veredito", para, depois, ser corroborado por seus colegas. Você cheira a…: limão fresco, tangerina, montanha, grama cortada, biscoito, mel, alcaçuz, baunilha, menta, ervas frescas, rosas, gerânio, pinheiro, pêssego, melão, melancia, maçã, balas… Houve um menino, inclusive, que insistia em dizer que ele cheirava a motor, a gasolina, e não pudemos contrariá-lo. Nos casos em que era possível, checava-se a afirmação, cheirando o respectivo aroma na caixa de essências ou na de ervas aromáticas que tínhamos na sala. Mais tarde, cada um elaborou um cartaz em que dizia a que cheirava, para que os demais colegas pudessem comprová-lo. Alguns dias depois, quando chegavam pela manhã, seguiam com a brincadeira, pedindo aos demais que os cheirassem e detectassem seu aroma. Como já apontamos no início, sabemos que o sucesso da atividade residiu no carinho, na confiança e no respeito a cada menino e menina, fazendo crescer neles a autoestima e uma autoimagem positiva.

AromatizArte VIII: o cheiro dos livros

Existem certas sensações que o leitor vincula para sempre com o ato de ler, como o aroma dos livros. Eles cheiram de uma maneira inconfundível, embora não todos iguais; o cheiro da tinta de um livro novo e o cheiro abaunilhado de um livro velho não são a mesma coisa. O cheiro de uma biblioteca ou de uma livraria é especial e diferente do cheiro de qualquer outro estabelecimento.

Fio 8. Destampando o nariz

Como fomos ensinando aos nossos alunos que o prazer com a leitura influencia outros aspectos, como os lugares onde se lê, a postura com a qual se lê, a forma, a companhia, quisemos que dessem conta do aroma único dos livros. Visitar a biblioteca, sugestioná-los a fazer o olfato quase anular os outros sentidos, levando-os a acreditar que são apenas narizes, ajudou a fazê-los apreciar intensamente a experiência, ativando recordações, de modo que, quando voltem a abrir um livro, prestem atenção aos estímulos olfativos que recebem.

Os livros, todavia, também produzem cheiros simbólicos, até mesmo sabores. Que adulto não ficou fascinado pelos cheiros do filme *Perfume: a história de um assassino*? Quem não saboreou os pratos de *Como água para chocolate*? Temos que ensinar as crianças a ver, a cheirar, a provar e a tocar tudo o que nos contam os livros. Não é mais que uma brincadeira. Em alguns casos, é muito fácil e coincidente: *João e Maria*, *Sopa de abóbora*[1] e *Chapeuzinho vermelho* são livros que cheiram igual para todos; em outros, é preciso forçar um pouco, mas vale a pena, já que a experiência será muito mais intensa e rica.

AromatizArte IX: cheiros e cores

Depois de muitas brincadeiras e trabalhos com o nariz, descobrimos que sempre utilizávamos as mesmas categorias e descrições, e que encontrávamos as mesmas semelhanças para descrever as sensações olfativas que percebíamos. Então, por fim, reduzíamos o cheiro a agradável/desagradável, muito intenso/pouco intenso, por isso, decidimos dedicar a ele um pouco mais de atenção, porque consideramos que se podem extrair grandes aprendizagens. Cheirar, feder, aroma, essência, fragrância, perfume, fedor, odor, fedorento, aromático, cheiroso são alguns dos termos relacionados com o sentido do olfato e que tratamos de utilizar

---
1 N.E.: conto inglês (*Pumpkin Soup*) de 1998, escrito por Helen Cooper.

adequadamente em cada ocasião. Depois, buscamos classificações e tipos de cheiros, claro que de modo muito diferenciado e simplificado para a idade dos nossos alunos: condimentado [*especiado*, no original], floral, frutado, azedo, queimado, pútrido/fétido, doce, picante. Aqui descobrimos que existem muitas relações entre sabores e cores, que, com frequência, são utilizados indistintamente.

Em seguida, fomos levando para a sala algum exemplo dessas categorias. Chegamos, inclusive, a cogitar a hipótese de que a cor tivesse a ver com o cheiro, algo que logo descartamos. Chocolate; café; torradas queimadas; pão tostado; terra; folhas secas; marmelo; açúcar; pimentão; especiarias; pinha e ramos de pinheiro; frutas; laranjas; limões; tangerinas; rosas; margaridas; peônias; gerânios; erva-doce; menta; menta-chocolate; alecrim; arruda; lavanda; folhas verdes; iogurte; queijo azul; água suja; água limpa; reproduções em plástico de frutas, verduras e bolos; papel; livros; chicletes; acetona; perfume e álcool foram cheirados individualmente, em grupos, por comparação ou adivinhando.

Trata-se de um exercício que nos permite dar um passo mais adiante na identificação e na verbalização das sensações que as crianças percebem a cada dia, fruto dos milhares de estímulos a que estão expostas.

Fizemos muitas observações, mas, para nós, a que mais se destaca foi a constatação da influência cultural na maneira como as crianças recebem os cheiros. Assim, quando aproximamos as especiarias do nariz delas, todas as afastavam depressa, dizendo que eram desagradáveis, exceto quando as pusemos a uma menina magrebina,[2] que, nesse momento, ficou radiante e, depois, disse que gostava muito, porque cheirava como a comida da sua mãe.

Sempre dizemos aos nossos alunos que o que entra pelo nariz desperta o cérebro, solta a língua e, às vezes, toca o coração.

---

2 N.E.: habitante do Magrebe, no norte da África.

Fio 8. Destampando o nariz

Para mais informações:
https://innovarteinfantilesp.wordpress.com/2011/06/06/aromatizarte
https://innovarteinfantilesp.wordpress.com/2011/06/06/aromatizarte-i-perejil
https://innovarteinfantilesp.wordpress.com/2011/06/07/aromatizarte-ii-agua-de-rosas/
https://innovarteinfantilesp.wordpress.com/2011/06/08/aromatizarte-iii-espantainsectos
https://innovarteinfantilesp.wordpress.com/2011/06/09/aromatizarte-iv-narices
https://innovarteinfantilesp.wordpress.com/2011/06/10/aromatizarte-v-rosquillas-de-anis
https://innovarteinfantilesp.wordpress.com/2014/05/23/aromatizarte-ix-yo-huelo-a
https://innovarteinfantilesp.wordpress.com/2012/01/27/aromatizarte-vi-vahos-de-eucalipto
https://innovarteinfantilesp.wordpress.com/tag/aromas

Fio 9. Escutando com o coração

Pode parecer que dedicaremos este fio a falar da música e do som. Vamos fazer isso também, mas, na realidade, quando falamos em escutar com o coração, isso supõe a mobilização de muitos outros sentidos além da audição; temos procurado outras expressões representativas da escuta ativa ou escuta afetiva, e, embora estejam incluídas, escutar com o coração é muito mais que isso.

Para escutarmos com o coração, temos de ativar todo o nosso ser para recebermos adequadamente a mensagem. É claro que isso é o desejável para todas as pessoas que cuidam de crianças, mas também deve ser exercitado desde a infância. Quantas vezes nos sentimos contrariados por não conseguirmos entender o que uma criança acabou de nos dizer; quantas porque alguém se nega a falar conosco; quantas por parecer que falamos idiomas diferentes.

No entanto, existem outros indicadores que podem facilitar a compreensão da mensagem: a linguagem corporal, o tom, a expressão facial, a velocidade da fala, o olhar, um gesto, um toque, um carinho ou um desprezo. Para um olho treinado, isso diz muito mais que a fala. Por isso é preciso que exercitemos todos esses aspectos com as crianças, como: cuidar, esperar, escutar, observar e não demonstrar desespero nem pressa, fazendo-as perceber que é preciso falar olhando para o interlocutor, usando expressões apropriadas, buscando a palavra mais precisa e compreendendo que as coisas importantes não podem ser tratadas com gritos, mímicas ou choramingos.

Há, porém, muito mais para escutar do que a nossos semelhantes; podemos escutar os animais, o som das paisagens, a escola, a sala ao lado, e podemos tentar entender se o que escutamos expressa alegria, tristeza, aborrecimento ou medo. Podemos, inclusive, escutar o que não tem som: uma imagem, uma cena, uma obra, uma casa, um jardim, uma flor. Se prestarmos atenção, seguramente os entenderemos.

Em nossas salas de aula, muitas dessas atividades são realizadas, e sempre dizemos às crianças que vamos escutar com o coração – é importante verbalizá-lo –, mas quando vamos dar forma às atividades, elas não passam de um pálido reflexo do que as crianças realmente imaginaram. "Pintura sonora", "O som do silêncio", "O esqueleto da voz", "Mapa sonoro da escola" são algumas delas. Em algumas ocasiões, tentamos provocar sinestesia com o som; em outras, partindo de algo silencioso, colocamos voz ou música. Mesmo assim, uma de nossas atividades preferidas é escutar segredos no ouvido. Inicialmente somos nós que lhes cochichamos breves histórias que podem emocionar, alegrar ou até mesmo assustar usando apenas nossa voz e sua audição.

Em qualquer situação, a atividade mais usada para escutar com o coração é a conversa. Em nosso dia a dia, gostamos de manter conversas

Fio 9. Escutando com o coração

em momentos diferentes, mas conversas de verdade, nas quais escutamos um ao outro, ajudamos e nos colocamos na pele de quem está contando. Em nosso entender, o exemplo e a prática são a única forma de conseguir escutar com o coração.

"Confidências da manhã"

Apesar de tudo, sabemos que as crianças não nos contam tudo, por isso sempre dizemos que nos primeiros vinte minutos do dia é quando conseguimos coletar delas mais informações, se soubermos escutá-las quando entram na sala e encontram os colegas: como chegam, de quem se aproximam, como o fazem, o que dizem, como contam…, e aí nós, docentes, temos que esperar e deixá-las fazer, para que possamos escutar o que elas sabem, e não apenas o que queremos ouvir. A mesma atitude é aplicável às entrevistas com as famílias, por isso sempre lhes dizemos que queremos conversar com elas; não falamos de entrevistas ou de tutorias, porque queremos outra coisa.

Escutar com o coração requer, sobretudo, afeto para com quem estamos falando, tempo e todo o nosso desejo de entender, é por isso que a escola da infância é o lugar ideal para iniciá-los nessa atitude.

__ **Fio 10**. Pensando com a pele __

Entre os aspectos a tratar na infância, encontra-se o desenvolvimento do sentido do tato – diferenciar liso/rugoso, suave/áspero, frio/quente, macio/duro, seco/molhado –, e se faz isso, mas nosso tato, nossa pele nos dão informações valiosíssimas, que vão muito além. Pensar com a pele é ser capaz de decodificar uma infinidade de sinais externos e internos que configuram nossa memória de experiência, chegando a definir nossa individualidade.

Quando tocamos uma flor, a vida, a água do mar, o calor de um bebê, o ar frio do inverno ou da chuva, isso ficará gravado em nossa memória de sensações e, ainda que passe muito tempo, seremos capazes de voltar a reconhecer essas sensações, onde quer que estejamos. É por isso que dizemos que pensar com a pele é muito mais do que as meras e básicas provas de avaliação para as crianças.

Configurar essa bagagem de sensações somente se pode fazer tocando, sentindo, verbalizando e, se possível, colocando em palavras o que sentimos.

A diferença que pode haver entre a bagagem tátil das crianças em decorrência do estilo de vida familiar e as atividades realizadas em sala pode ser abismal. Por isso, é importante pensar no que nossos alunos tocam.

Fio 10. Pensando com a pele

Não somente se trata de tocar coisas com as mãos; pensar com a pele são, também, as sensações que percebemos por qualquer outro sentido (visão, olfato, audição) e que podem produzir em nós sensações táteis: calor, suavidade, frio. Com a nossa pele, somos capazes de sentir o carinho, o medo, a dor, e isso também tem que ser exercitado na escola.

É, também, o tato em todos os sentidos, entendido como a sensibilidade ou o cuidado em relação aos outros. O colocar-se na pele dos outros, sentindo como eles, compadecendo-se dos que não passam bem, com os que ganham e com os que perdem, tudo isso é pensar com a pele, uma capacidade a ser desenvolvida no dia a dia.

A pele das árvores

O outono, tão amigável que permite tantos passeios e convida a caminhar pelas montanhas, nos proporciona "tesouros" diários (folhas, ramos, sementes, pinhas, frutas), que nossos meninos e nossas meninas nos trazem, em especial depois do fim de semana ou dos feriados. Assim, juntamos uma quantidade de pedaços de cascas de árvores, e pensamos em fazer algo especial com elas, dedicando-lhes um tempo para saber mais da pele das árvores: tocar, sentir e nomear o que percebem; comparar em termos de suavidade ou aspereza, espessura ou tamanho; sentir o calor ou o frio que emana da pele das árvores; conhecer outros seres vivos que habitam a casca; ver as marcas (sulcos, rachaduras e cicatrizes) deixadas pelo crescimento e pela vida; ver a estrutura da casca conforme a espécie de árvore.

Com esse objetivo, fizemos uma saída a um bosque próximo da escola e ali pudemos observar com lupas, medir com os braços, tocar, apalpar e abraçar as árvores, desfrutar correndo entre elas, assim como fazer decalques de suas peles.

Sempre dizemos que, para pensar com a pele, a primeira condição é tirar das mãos das crianças o lápis e o papel, deixando-as tocar tudo sem medo.

Pintando a pele das árvores

Buscando imagens das cascas das árvores, encontramos na internet Cédric Pollet, um fotógrafo de plantas e arquiteto paisagista que percorre o mundo fotografando a pele das árvores. Ele publicou livros e realizou exposições com essas espetaculares fotografias, e, dessa forma, realiza oficinas em escolas para explicar curiosidades sobre as árvores. Da sua galeria, organizada pela cor da casca das árvores (branca, vermelha, rosa, amarela,

Fio 10. Pensando com a pele

verde, azul), observamos muitas fotografias, e os nossos alunos diziam que eram pintadas. Em seguida, mostramos fotos do eucalipto arco-íris e, como não o conheciam, insistiam em dizer que eles eram pintados com tinta ou com o reflexo do sol. Por isso, tivemos que mostrar árvores que foram, de fato, pintadas, como o emblemático Bosque de Oma, ou o Ecoespazo O Rexo, de Agustín Ibarrola. Então, ficaram fascinados e nos perguntaram por que nós não pintávamos as árvores.

Tivemos que buscar uma alternativa e combinamos que pintaríamos a pele das árvores como quiséssemos e depois penduraríamos como se fosse um bosque. Este é o resultado desse trabalho plástico sobre um suporte diferente, que produz sensações visuais, efeitos de movimento, odores, ao mesmo tempo que desenvolve a sensibilidade artística e estética.

Em outra seção deste livro, apontamos nosso pouco interesse por todos os manuais e programas centrados nas emoções, tão em voga ultimamente. Ao contrário disso, acreditamos que os aspectos emocionais têm que ser tratados em todos os momentos de nossas vidas e representados por meio do exemplo diário. Por isso, pensar com a pele é um excelente exercício para descobrir as emoções que se ocultam atrás do tato.

Para mais informações:
https://innovarteinfantilesp.wordpress.com/2016/11/18/la-piel-de-los-arboles
https://innovarteinfantilesp.wordpress.com/2016/11/18/pintando-la-piel-de-los-arboles

__ **Fio 11**. Medindo o pulso do tempo __

Todas as pessoas que trabalham com a infância sabem como é difícil tornar as crianças conscientes sobre a medida do tempo. Para elas, o tempo é lento ou rápido, dependendo do quanto estejam entretidas ou daquilo com o que estejam se divertindo. Acreditamos que esse é um privilégio das crianças. Neste momento, inclusive, estamos atraindo-as com nosso esforço em aproveitar essa característica de "crianças-esponja", que permite que elas tenham horários impossíveis e que façam uma infinidade de atividades que poderiam perfeitamente fazer daqui a alguns anos.

De qualquer maneira, é muito difícil para elas saberem quanto tempo se passou, se anos, se meses, se dias. Além disso, a interação constante com o mundo virtual – em que, de repente, está de noite ou de dia, no qual se

Os fios da infância

podem ver processos de anos reduzidos a segundos de *time-lapse*,[1] ou em que se podem dar saltos no tempo em contínuos *flashbacks* – não favorece a formação de uma ideia ajustada da duração do tempo.

Por isso, na escola, explícita ou implicitamente, fazemos referência contínua à sequência do ciclo anual, tanto vinculando-o ao ciclo vegetal – o mais primitivo e mais elementar –, como à própria experiência de vida da criança: seu aniversário, suas celebrações, suas datas importantes no calendário etc.

Costuma-se dizer que a infância é um tempo sem tempo, mas, ainda assim, pouco a pouco, devemos introduzir algumas referências temporais básicas, das quais falaremos aqui.

Um ano

Assim que um grupo entra em nossa sala, uma das primeiras coisas que fazemos é verificar em que mês cada aluno nasceu, para tirar fotos de cada grupo de alunos que aniversariam em determinado mês, com as quais elaboramos um calendário com todas as folhas à vista, que ficam expostas em um espaço da sala, organizadas de acordo com os meses do ano.

---

1 N.E.: técnica de filmagem que permite mostrar um acontecimento se desenrolando de forma muito mais rápida que o normal.

Fio 11. Medindo o pulso do tempo

Abaixo disso, ficam calendários em diferentes formatos, que, com o passar dos dias, ajudam a levar em conta a passagem do tempo, assim como nos dão informações sobre quanto falta para o fim de semana, para um evento, para uma celebração, para o aniversário das crianças, para a chegada da primavera ou do verão.

De início, custa às crianças compreender tudo isso, mas, ao longo de três anos, vão interiorizando, de modo que, a partir do segundo ano, elas mesmas nos antecipam um aniversário ou uma data registrada, que, ano após ano, vão acontecendo depois de outros eventos importantes para elas.

Um curso

Com as mudanças das estações, procedemos de um modo similar, mas contando com a colaboração das famílias. Pedimos a elas que procurem uma árvore próxima à sua casa ou que esteja em seus jardins, e que, a cada mês, tirem uma foto com o menino ou a menina ao lado da árvore. Nós nos encarregamos de recordar as famílias dessa tarefa por meio de comunicados ou do *blog*. Ao final do curso, o resultado é um livro para cada aluno, em que ficam evidentes as mudanças que aconteceram tanto em 25 árvores como em 25 crianças, com todo o aproveitamento didático que se pode extrair disso.

A observação do entorno natural é a nossa melhor aliada para apreciar a mudança das estações. Temos sempre renunciado à conhecidíssima "árvore das quatro estações", presente em muitas salas de educação infantil, porque se trata de uma ficção. Aqui, onde vivemos, quase nunca neva, de modo que associar o inverno a enormes flocos de algodão que são adicionados à árvore depois de arrancar suas folhas é um modo de falsear a realidade. Preferimos elaborar nossos próprios painéis ou murais das estações, procurando refletir as vivências das crianças. A seguir, explicaremos alguns deles.

As estações

Dizendo adeus ao verão de 2014

De volta à escola depois das férias de verão, ainda desfrutando do calor, mas já percebendo as baixas nas temperaturas pela manhã e pela tarde, comunicamos às crianças que o verão está chegando ao fim e que, em poucos dias, chegará o outono, razão pela qual devemos nos despedir dessa estação elaborando um mural com todas as coisas que nos remetem a ela: boias, conchas, areia, chinelos, óculos de sol ou de mergulho, protetor solar, sorvete etc. Pedimos às famílias que nos enviem itens de verão que já não utilizam e, com eles, compomos o mural.

Fio 11. Medindo o pulso do tempo

Outono 2014: As árvores das mariposas amarelas

Nessa ocasião, tudo começou com um poema sobre o outono, da argentina Laura Forchetti, que a mãe de uma aluna nos enviou. Nesse poema, é feita uma comparação entre as folhas que caem e as mariposas amarelas. Aqui em nossa região, porém – com nossas árvores nativas, com o atraso nas mudanças de cores e na queda das folhas –, seria preciso ter muita imaginação. Até que, um dia, voltamos a um livro já clássico para nós: *O outono*, da também argentina Cláudia Degliuomini. Naquele momento, vendo as ilustrações, reconhecemos a paisagem de que nos falava Laura Forchetti: tons alaranjados, amarelos, vermelhos e folhas que pareciam mariposas, as do *Ginkgo biloba*. Na última página, em que Cláudia fala de si mesma, aparece a foto de uma caixa de aquarelas com umas folhas de *Ginkgo*. Assim, decidimos fazer um mural de outono para substituir o de verão. Pintado com aquarelas de tons marrons, ocres e com umas breves frases (algumas copiadas, outras inventadas) que dão a ideia do que é essa estação. Esse mural se completa, finalmente, com as lindas folhas de *Ginkgo*, que as crianças, a princípio, disseram lembrar leques e corações.

Uma colega da escola nos fala de uma linda lenda oriental que explica a origem dos *Ginkgo*, do porquê suas folhas ganharem a cor amarela e terem forma de asas de mariposa. Então, começamos a buscar informações na internet e descobrimos que essa árvore é um "fóssil vivo", que já existia há milhões de anos, inclusive na época dos dinossauros. Também soubemos que é uma árvore sagrada no Japão e protagonista em diversas representações artísticas, joias, pinturas, esculturas, artes decorativas, arquitetura etc. Ademais, soubemos do seu uso na medicina alternativa, sendo conhecida como uma árvore milagrosa.

Tudo isso chega às famílias dos alunos, e um pai nos informa que existem dois exemplares de *Ginkgo* em nossa cidade. As crianças, advertidas de que o espetáculo da árvore das mariposas amarelas dura somente alguns dias, aproveitam para fazer uma visita e recolher folhas, que trazem para a sala e, com essas folhas, fazemos bonitas composições de outono que complementam o mural.

Inverno: O paraugas dameaugas[2]

Aqui na Galícia, o inverno está associado à chuva, a qual as crianças consideram um aborrecimento, porque as impede de sair e brincar do lado de fora. Casualmente, havíamos ganhado de presente um livro intitulado *O paraugas dameaugas*, de Anxo Moure, com ilustrações de Cristina Oro, o qual, além de uma defesa do meio ambiente, da língua galega e do nosso patrimônio cultural, transmite a mensagem de que a chuva é portadora de muitos benefícios: cultura, contos, carinhos, abraços, poesia e palavras. As ilustrações sugestivas nos deram ideias para a elaboração do nosso painel de inverno com a cópia de uma carta que os bosques enviam às nuvens.

---

2 N.T.: *O guarda-chuva quebrado*, em tradução livre.

Fio 11. Medindo o pulso do tempo

Tapeçaria da primavera 2015: pontilhismo com os pés e gotejamento de tinta

Como refletir em uma pintura todas as cores da paisagem primaveril; os diferentes azuis do céu; as centenas de verdes das montanhas; os amarelos dos tojos e das retamas que, como gotas, salpicam o verde? Como pintar as etéreas flores cor-de-rosa das desnudas árvores frutíferas que, com um sopro de vento, saem voando como pequenos cometas? Como conseguir traduzir em um quadro tudo isso que, com a distância, parece pequenas manchas de cores que se sobrepõem, se misturam e se destacam?

Nossos alunos tentaram fazer uma representação da paisagem que vemos através das janelas, mas, talvez em razão dos materiais usados – giz de cera, lápis de cor e marcadores –, o resultado não os deixou muito satisfeitos, já que ficava com cores muito planas, muito estático, e as crianças não conseguiam traduzir toda a paleta cromática que viam. Então, no dia seguinte, propusemos às crianças repetir a paisagem em um grande mural que logo exporíamos nos corredores da escola, como fizemos no verão, no outono e no inverno. Em cada um desses murais, havíamos empregado uma técnica distinta, e, nessa ocasião, quisemos fazer uma intervenção a meio caminho entre o artístico e o lúdico, de modo que lhes dissemos que pintaríamos com os pés e lançando a tinta, o que deixou as crianças absolutamente surpresas e fascinadas.

Quando chegaram pela manhã, mostramos às crianças algumas obras de pintores ligados ao movimento do pontilhismo (divisionismo), e, nesse momento, viram que isso era o que elas gostariam de traduzir: centenas de cores que acabam dando forma a elementos que se integram como um todo na natureza. No entanto, logo de início, disseram que isso era muito difícil, porque tinham que fazê-lo com a ponta dos dedos, pontinho a pontinho, e – como tínhamos em mente o grande mural de 2,00 × 1,80 m, que estamos acostumados a preparar em cada mudança de estação para colocar no corredor – isso levaria muito tempo. Naquele momento, recordamos que havíamos dito que pintaríamos o mural com os pés. Diante das reclamações (manchar-se, frio, não ficar da forma de pontinhos etc.), acrescentamos que não ficariam descalças, o que as deixou ainda mais surpresas. Mostramos a elas um rolo de plástico-bolha e dissemos que, com ele, faríamos uns calçados, com os quais pintariam. Organizamo-nos por grupos, fizemos um esquema no piso,    dividimos o mural em partes (linha da terra, linha do céu), colocamos o "calçado" de plástico-bolha, pegamos potes de tintas com cores básicas (verde, azul, amarelo, branco), estendemos um pano (pedaço de tecido de colcha branca muito grosso e com relevo), e começamos a gotejar a tinta para que pisassem sobre ela.

Começamos pelo céu, que realizamos em três grupos, variando as quantidades de tons azuis e de branco; com outros dois grupos, fizemos a montanha, com tonalidades de verde e amarelo. Finalizamos com jatos de tinta com purpurina, para criar esse efeito brilhante da luz sobre as coisas. Estavam espantadas de como as suas pegadas criavam essas combinações de cores.

Fio 11. Medindo o pulso do tempo

Quando viramos na vertical, as crianças ficaram impressionadas com o efeito alcançado; pensaram que já podia ficar assim, mas as lembramos de que ainda faltavam as árvores frutíferas, com suas flores voando pelo céu, como as víamos pela janela. Então, surgiram muitas ideias: havia quem sugeria pintar as árvores e acrescentar flores de papel ou pintadas com um pincel fino. Respondemos que isso não resultaria no efeito "voador" que queriam. Durante o recreio, juntamos umas ramas de retama, que colamos na tela com silicone, e, na volta, criamos três tons diferentes que iam do branco marfim ao rosa, como as flores das cerejeiras, das ameixeiras e dos pessegueiros. Em cima deles, pingamos a tinta com pincéis grossos.

Então, ficamos absolutamente satisfeitos, tanto pelo resultado como pelo processo seguido, nesse caso, mais guiado do que em outras ocasiões, mas sempre sugerindo e incorporando as contribuições das crianças.

Está claro que não é nosso objetivo ensinar movimentos pictóricos (pervertendo a ideia da qual surgiram) nem a cópia de obras emblemáticas, mas, nesse caso, foi preciso lançar mão da experiência para solucionar nosso problema. Sobretudo, foi uma atividade criativa, divertida, diferente e enriquecedora.

Um intervalo de tempo

Uma das rotinas que estabelecemos para nos conscientizarmos da passagem do tempo foi controlar o desenvolvimento das plantas. Assim, cada vez que plantamos sementes, buscamos na internet informações sobre o quanto demoram para brotar, florescer ou encher de frutos, e lhes preparamos uns calendários específicos com pontos de controle; por exemplo: se nos disserem que, a partir da floração, as cerejas demoram três meses para madurar, ou 21 dias os morangos, ou se um bulbo demora um mês para germinar, tratamos de comprovar essas afirmações.

Uns poucos minutos

A passagem do tempo na infância é algo que se mede em grandes partes: dia-noite, ontem-hoje-amanhã, com os meses ou os dias no calendário, sem considerar a possibilidade de que entendam frações mais breves de tempo.

No entanto, ao longo do dia, usamos – e as crianças nos escutam usar – expressões como: "na próxima hora", "em cinco minutos", "faltam alguns segundos" ou "vou em um minuto". Assim, no final do ciclo, introduzimos na sala vários instrumentos para medir esses pequenos tempos: temporizadores, relógios de areia, de água, de bolhas, analógicos, digitais e relógios que projetam a hora no teto, com os quais controlamos esses pequenos tempos, em geral, em atividades rotineiras: o tempo que levam para guardar o material, para colocar o avental, para esperar que aconteça algo, a duração de uma canção etc.

Assim, às vezes comprovamos se diferentes relógios medem o mesmo tempo: programamos temporizadores, acionamos cronômetros, iniciamos um relógio de areia, contamos as voltas dos segundos em um relógio de parede etc., tudo isso para medir uma mesma atividade. Claro, não fazemos isso para apressar as aulas de educação infantil, e sim para que entendam a duração do tempo.

Fio 11. Medindo o pulso do tempo

As horas de sol

Criamos um relógio de sol analemático

Quando chega a primavera e o sol, mudamos a observação da passagem do tempo em nossos relógios de parede para os relógios de sol. Isso nos tem dado a possibilidade de conhecer os relógios de sol que existem em nossa localidade, sua forma, seus elementos, seus usos e as legendas inscritas na parte superior que costumam acompanhá-los. Pensamos, inclusive, na possibilidade de comprar um para a escola, mas vimos outra opção da qual gostamos mais e que nos deixou mais entusiasmados: os relógios analemáticos.

Um relógio de sol analemático é um tipo de relógio solar que consiste em uma elipse desenhada no chão sobre a qual se colocam os dígitos com as horas, e uma zona central em que uma pessoa deve colocar-se em um ponto específico, de acordo com a seta, e sua própria sombra determina a hora ao projetar-se sobre a elipse. Em geral, são colocados em parques, jardins e pátios escolares, já que oferecem muitas possibilidades de atividades e sempre despertam a curiosidade dos transeuntes.

Desenhar e pintar um relógio analemático é uma tarefa relativamente simples, uma vez determinados os pontos cardiais e a orientação. O problema surge porque a posição do gnômon[3] – no caso, da pessoa –, varia em função do momento do ano e, por conseguinte, da inclinação do sol.

---
3 N.E.: objeto colocado no centro do relógio de sol e que possibilita a projeção da sombra.

Assim, é necessário marcar uma curva analemática na parte central, na qual se indiquem as diferentes posições segundo o momento.

Dessa forma, a princípio, pensamos em fazê-lo ao contrário: marcar a curva e as horas, e, em seguida, segundo os meses, estabelecer o ponto no qual a sombra marcaria as 12 horas. Era uma possibilidade que não descartamos, mas escolhemos outra opção mais fácil: entramos em contato com o Observatório Astronômico Ramón María Aller, da Universidade de Santiago de Compostela. Imediatamente se juntaram ao nosso projeto e um astrônomo veio à escola.

O lugar escolhido foi uma elevação que há no terreno do pátio, já que foi muito difícil encontrar um espaço que não tivesse a possibilidade de o sol se esconder, ou que a sombra do prédio nos impossibilitasse o funcionamento do relógio. Colocamos mãos à obra. Em primeiro lugar, foi necessário estabelecer as coordenadas, determinando com um ponto o Norte-Sul-Leste-Oeste; depois, traçamos uma linha Norte-Sul, que marcaria as posições do gnômon (da pessoa) segundo os meses do ano. Depois, foram marcadas as horas, com as 12 horas no mesmo ponto que o Norte.

O astrônomo nos explicou que, em razão de a hora solar não se ajustar com o horário oficial, deveríamos calcular sempre 2 horas e 30 minutos a mais no verão e 1 hora e 30 minutos a mais no inverno. Anotamos para não esquecermos, assim como outra informação: o lugar em que nasce o sol (Leste) e onde se põe (Oeste). Tudo isso tinha que ficar de forma muito visível e gráfica para nossos alunos e para todos que passarem por ali.

Com os meninos e as meninas, fomos fazendo comprovações sobre o "funcionamento" correto e ajustado do relógio.

Para finalizar, escrevemos o nome do relógio, analemático, e, em volta, colocamos as legendas que costumam ficar inscritas em latim nos relógios de sol antigos, embora tenhamos preferido escrevê-las em galego.

Medindo o tempo com a língua

Entre os itens de avaliação da educação infantil, sempre aparece se as crianças distinguem a noite do dia, ontem, hoje e amanhã. Isso é mais que óbvio. Claro que os diferenciam, embora, às vezes, confundam as palavras. Entretanto, as expressões que falam da passagem do tempo são muito mais variadas, inclusive, mais metafóricas e complexas, e, também, muito mais habituais para as crianças do que pensamos. Raro é o conto, poema ou leitura infantil em que não aparecem advérbios ou locuções adverbiais referentes à passagem do tempo:

> *ao sair o sol; ao raiar o dia; com a primeira luz; ao amanhecer; ao meio-dia; ao cair da noite; ao escurecer; ao amanhecer; a princípio; sempre; faz muitos anos; hoje em dia; em um instante; de cabo a rabo; de vez em quando; às vezes; logo; naquela época; muito cedo; agora; nunca; jamais; enquanto; em breve; ainda; já; muito devagar…*

Tínhamos na sala *El ladrón de tiempo*,[4] de Nathalie Minne, publicado pela Edelvives, uma delícia de livro em que quase todas as palavras fazem referência ao tempo, à sua brevidade, à sua elasticidade e à maneira como cada um de nós o mede.

É preciso considerar que as expressões que aparecem no livro vão mais além de dia-noite, ontem-hoje-amanhã, e, apesar disso, são compreendidas pelas crianças, porque são usadas no momento, no tom, na forma e no contexto adequados.

---

4 N.T.: *O ladrão de tempo*, em tradução livre.

Por isso, defendemos o uso de uma linguagem rica em expressões ou nuanças referentes à passagem do tempo, e a superação do reducionismo pueril com o qual às vezes os adultos se dirigem as crianças. A língua tem que nos ajudar a ensinar as crianças a medir o tempo, e é preciso fazer isso desde muito pequenas.

Para mais informações:

https://innovarteinfantilesp.wordpress.com/2011/10/07/nuestros-arboles-mes-a-mes

https://innovarteinfantilesp.wordpress.com/2015/01/12/midiendo-el-tiempo-i-almanaques

https://innovarteinfantilesp.wordpress.com/2014/09/23/fin-del-verano-2014

https://innovarteinfantilesp.wordpress.com/2014/11/21/el-arbol-de-las-mariposas-amarillas

https://innovarteinfantilesp.wordpress.com/2015/01/19/o-paraugas-dameaugas

https://innovarteinfantilesp.wordpress.com/2015/03/27/tapiz-de-la-primavera-puntillismo-con-los-pies-y-dripping

https://innovarteinfantilesp.wordpress.com/2012/03/26/el-paso-del-tiempo

https://innovarteinfantilesp.wordpress.com/2015/04/14/midiendo-el-tiempo-relojes-cronometros-y-temporizadores

https://innovarteinfantilesp.wordpress.com/2015/04/14/midiendo-el-tiempo-iv-el-reloj-de-sol-analematico

https://innovarteinfantilesp.wordpress.com/2015/04/14/midiendo-el-tiempo-v-creamos-un-reloj-de-sol-analematico

https://innovarteinfantilesp.wordpress.com/2015/04/14/midiendo-el-tiempo-con-la-lengua-iii

Fio 12. Contando histórias da vida

Os livros de literatura infantil estão constantemente presentes em nossas salas de aula, e insistimos nessa ideia porque, apesar de a escola possuir uma biblioteca, sempre deve haver livros na sala de aula, de todos os tipos, sobretudo livros que contem histórias, sejam elas quais forem. É claro que nos comprometemos com a qualidade, contudo, essa excelência não deve ser atribuída à transmissão de valores ou de conhecimento, tal como se fala acerca do livro infantil, caso contrário, eles perderiam sua principal finalidade, que é fazer sonhar. Nós temos uma cruzada pessoal contra os livros que chamamos "histórias curriculares", porque tentar incluir conteúdos acadêmicos nas histórias faz com que as crianças percam o interesse de ler por prazer.

Os livros têm que contar histórias que nos prendam e não nos soltem até o final, mas, para crianças dessa faixa etária, que ainda não são leitores autônomos, devemos considerar outro aspecto fundamental, que não é outro senão como essas histórias são contadas: o contador ou a contadora de histórias.

Já faz alguns anos, quando perguntamos às crianças quais eram suas histórias preferidas, uma menina respondeu que eram "as histórias de boca", aquelas que seu pai contava à noite, antes de dormir, e que falavam dos países desconhecidos que visitariam. Está aqui a conclusão para muitas de nossas preocupações sobre quais são as histórias mais adequadas para as crianças. Podemos, às vezes, estar muito ocupados buscando a última novidade editorial, valorizando a harmonia texto-imagem, considerando o formato mais adequado, e acabamos percebendo que o fundamental está no componente afetivo.

Ler ou contar histórias? As duas coisas, dependendo do que pretendemos. Não há razão para contrapor essas duas atividades necessárias, mas não menosprezemos a que vai diretamente da boca ao ouvido apenas com o recurso da nossa voz.

Os livros de literatura infantil são, muitas vezes, o início de lindas experiências de vida em nossas salas, às vezes relacionadas com a arte; outras, com o jogo dramático; outras, com a autoestima, com a alimentação, com a ciência, com a música; e, outras vezes, com nada mais além do prazer de ouvir.

A seguir, reunimos quatro experiências. As duas primeiras, "Os potes das palavras" e "Catalogadores de beijos", focadas mais no emocional; junto com "Você sabe passear? Manual do bom passeador", que nos leva a falar sobre os estilos de vida; e "Os cinco esquisitos. Ninguém é perfeito", que nos levou a refletir sobre autoconceito e autoestima.

Os potes das palavras

El ladrón de palabras[1] é um lindíssimo livro de Nathalie Minne, publicado pela Edelvives, que nos conta, em uma perfeita comunhão entre o

---

1 N.T.: *O ladrão de palavras*, em tradução livre.

Fio 12. Contando histórias da vida

texto e as imagens, a história de um menino que sai à noite pela cidade, com todo o seu equipamento. Ali, rastreando vozes e luzes, sem que ninguém o veja, sobe pelos telhados e começa a colher palavras que escuta nas casas.

Há muitos tipos de palavras: saltitantes, ternas, estrangeiras, muito gordas e vermelhas de raiva, e algumas tão compridas que é impossível pronunciá-las (...). então, o ladrão de palavras as classifica e as coloca em potes de vidro. Em seguida, experimenta algumas receitas: 2 palavras doces, 3 molhadas, 1 picante e 2 quentes. Mistura bem e lança tudo pelo ar. E assim, aleatoriamente, trança tapetes de elogios, tece cachecóis de insultos e tricota meias de explicações complicadas.

Depois de ler o livro e deleitar-nos com as imagens, não pudemos resistir em fazer como o ladrão de palavras: colhemos e colocamos em potes de vidro os ingredientes de muitos jogos.

Começamos inspirados pelas palavras classificadas pelo pequeno ladrão: palavras escuras (touro, carvão, noite), palavras despreocupadas (sozinha, feliz, tranquila), palavras simples (vida, gato, beijo, amar), em uma palavra (*stop*, pum, clac), palavras de viagem (ir, lugar, aqui), palavras doces (estimar, amar), palavras de sonhos (unicórnio, ilusão, príncipe), palavras feias (sujeira, morte, inseto), palavras bonitas (buzina [*claxon*, no original], globo, lua, mímica), palavras vazias (zero, sozinho, nada de nada), palavras raras (trissomia,[2] coruja), palavra a palavra (passo a passo, pouco a pouco), palavras hilariantes, palavras frias, grandes palavras, palavras muito lindas, palavras difíceis, palavrões, palavras confusas, palavras solitárias... Foi aqui o começo da nossa classificação, que nos abriu diversas possibilidades por muito tempo.

Os pais foram informados e pedimos sua colaboração para que cada menino e menina trouxesse de casa um pote com as palavras favoritas da sua família.

---
[2] N.E.: anomalia em um núcleo, célula ou organismo, caracterizada pela presença de um cromossomo a mais, além do par de cromossomos homólogos normais.

Cada pote que chegava era como abrir uma janela da vida de cada família, dos motivos das suas preferências e das marcas que deixavam nos pequenos. O poder das palavras.

Catalogadores de beijos

Como adultas, ficamos rendidas diante do livro ilustrado de Raquel Díaz Reguera, *Catálogo de besos*,[3] de forma que, de imediato, veio a ideia de fazer uma versão dele com nossos alunos.

Da livraria, fomos a um bazar, no qual compramos uma grande variedade de batons, inclusive das cores mais improváveis, já que não é fácil colorir beijos envenenados, beijos de pedir perdão, beijos de tirar do castigo, beijos de recompensa, beijos rotineiros, beijos para despertar, beijos de boa noite, beijos de amor, beijos de amizade, beijos de despedida, beijos de consolo ou beijos de cortesia. Depois da leitura do livro, em pequenos cartões de papel grosso, começamos a deixar marca dos beijos, colocando o nome de cada um deles. Fomos montando, assim, um catálogo de beijos.

Com a experiência que fomos acumulando como catadores e catalogadores de beijos, fruto de outras leituras (*Besos, besos*,[4] *La reina de los besos*[5] ou *Mamá, ¿de qué color son los besos?*[6]), decidimos fazer uma atividade de coleta, catalogação e conservação de beijos.

Cada criança, com a colaboração de suas famílias, traz beijos com seu nome e dosagem correspondentes. Como no livro, os beijos são conservados em potes de vidro, e sua existência e disponibilidade são divulgadas em um cartaz na porta da classe, que também convida a deixar um beijo:

---

3 N.T.: *Catálogo de beijos*, em tradução livre.
4 N.T.: publicado em Portugal com o título *Beijinhos Beijinhos*, pela Editorial Presença.
5 N.T.: *A rainha dos beijos*, em tradução livre.
6 N.T.: *Mamãe, de que cor são os beijos?*, em tradução livre.

Fio 12. Contando histórias da vida

"*Hai bicos de todos os tipos. Deixa aquí o tenbico sexa cal sexa o seu tipo: rico, de mico ou de pico. Danos un bico en galego, chino, inglés ou portugués, do dereito ou do revés, de un en un ou de tres en tres, danos todos os que tes. Bícate!!!*"[7].

Além disso, elaboramos uma carta de beijos que inclui os beijos metralhadora, beijos tutti-fruti, beijos sonoros, beijos voadores..., e assim por diante, até trinta variedades.

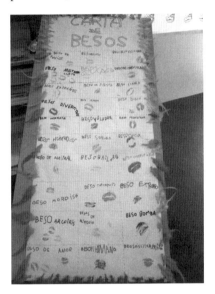 

Você sabe passear? Manual do bom passeador

Sabemos como passear ou somente nos deslocamos de um ponto a outro? Alguém fala para as crianças sobre o que um passeio pode significar ou simplesmente as leva para a rua para espairecer? Passeamos por prazer ou somente porque temos que movimentar o corpo? Algo tão simples como passear

---

7 N.T.: *Há beijos de todos os tipos. Deixe aqui o seu beijo, seja qual for o tipo: gostoso, de mico ou de bico. Dê-nos um beijo em galego, chinês, inglês ou português, direito ou ao contrário, de um em um ou de três em três, dê-nos todos os que tem. Beije!!!* (em tradução livre).

nem todo mundo sabe como fazer, por isso, ficamos agradavelmente surpresas com esta pequena joia de Raimon Juventeny, *Manual del buen paseante. Descripción en veinte puntos*,[8] publicado pela Faktoría K de Libros. A primeira coisa que nos agradou nesse livro foi o seu pequeno formato e uma tipografia que lembra as máquinas de escrever antigas. As ilustrações, por si só, já produzem uma sensação de serenidade, de paz e tranquilidade, e o texto é algo tão simples como vinte pequenos princípios elementares e indiscutivelmente necessários para poder desfrutar de um passeio. Tão básicos que deveriam, inclusive, ser colocados em cartazes para exposição em parques ou trilhas.

Ponto um: O bom passeador sai para passear quando lhe agrada.

Ponto dois: O bom passeador nunca tem pressa.

Essas duas premissas de um bom passeador poderiam resumir o que foi exposto no prólogo do livro pelo jornalista canadense Carl Honoré, reconhecido internacionalmente por seu *Elogio de la lentitude*,[9] em que ele critica a atual sociedade obcecada pela velocidade.

Trabalhamos em sala de aula com esse livro, lendo cada dia algum dos pontos, e nossos alunos entenderam muito bem a mensagem que tentava transmitir; na realidade, depois do final de semana, eles nos contaram que passearam como bons passeadores: sem pressa, sorrindo, observando, admirando a natureza, conversando, escutando, olhando as nuvens, recordando melodias, descansando quando queriam e dormindo muito, muito bem depois da caminhada.

Posteriormente, decidimos sensibilizar as famílias, perguntando, em primeiro lugar, se sabiam passear, de modo que elaboramos uma enquete que os seus filhos levaram, com vinte itens em que avaliavam se eram bons

---

8 N.T.: *Manual do bom passeador. Descrição em vinte pontos*, em tradução livre.
9 N.E.: *Elogio de la lentitud: un movimiento mundial desafia el culto a la velocidad*. Original em inglês: *In praise of slow: how a worldwide movement is challenging the cult of speed*. Publicado em português com o título *Devagar: como um movimento mundial está desafiando o culto da velocidade*, pela Record.

passeadores ou não. Depois, fizemos um cartaz com as qualidades que um bom passeador deve ter, para expor na entrada da escola.

Os cinco esquisitos. Ninguém é perfeito

Uma das coisas que mais une um grupo é aceitar as diferenças de cada um dos seus integrantes, minimizando os pontos fracos e destacando as potencialidades de cada um. As crianças são plenamente conscientes das fragilidades dos seus colegas, mas é muito mais difícil para elas dizer algo positivo. Em relação a isso, elas podem estar muito condicionadas pelos adultos. Nós também temos muito que melhorar nesse aspecto, por isso gostamos tanto da publicação do livro *Los cinco desastres*,[10] de Beatrice Alemagna, da editora A buen paso. Um livro com pouco texto, mas muito sugestivo, com ilustrações que foram a primeira coisa que nos chamou a atenção quando o vimos na vitrine de uma livraria.

Cinco personagens esquisitos que vivem com a sensação de que não servem para nada, o que vem a ser confirmado quando aparece um ser perfeito, um sujeito extraordinário que vem não se sabe de onde, bonito, esguio, com o nariz no lugar do nariz, com um lindo corpo ereto e com um belo cabelo.

Quando esse sujeito diz na cara deles que não servem para nada, cada um deles descobre que tem algo que ele não tem: um nunca fica bravo, outro guarda todas as suas lembranças, outro é tranquilo, o quarto vê coisas que os demais não veem, e o último tem a sorte de ficar feliz com tudo o que dá certo. Não é pouca coisa, de modo que deixaram o sujeito perfeito plantado de boca aberta.

Ficamos com dúvidas se nossos alunos entenderiam a mensagem, mas eles entenderam, o que deu origem a um exercício de reconhecimento das qualidades pessoais que às vezes ficam escondidas atrás das

---

10 N.E.: publicado no Brasil com o título *Os cinco esquisitos*, pela WMF Martins Fontes.

"imperfeições": alegria, generosidade, cumplicidade, empatia, sensibilidade, afabilidade ou bondade. Concluímos que ninguém é perfeito, tampouco um desastre absoluto.

No restante de curso que houve com esse grupo de alunos, cada vez que alguém fazia um comentário depreciativo sobre outro, todos os demais acrescentavam: "Ninguém é perfeito!".

Parece impossível reunir neste capítulo tudo o que a literatura infantil oferece às salas de educação infantil, somado ao prazer de escutar uma história. A única coisa em que vale insistir é a ideia de disponibilizar muitas histórias para os meninos e as meninas.

Para mais informações:
https://innovarteinfantilesp.wordpress.com/2011/11/04/tarros-de-palabras
https://innovarteinfantilesp.wordpress.com/2012/03/28/catalogadores-de-besos
https://innovarteinfantilesp.wordpress.com/2014/10/21/sabes-pasear-manual-del-buen-paseante
https://innovarteinfantilesp.wordpress.com/2014/09/26/los-cinco-desastres-nadie-es-perfecto
https://innovarteinfantilesp.wordpress.com/2011/12/03/cuentos-de-boca

__ **Fio 13**. Brincando de ser (outros) __

Brincar de imaginar que somos outros é uma das atividades mais prazerosas e libertadoras que desenvolvemos em nossa vida, inclusive quando adultos. Comportarmo-nos como se fôssemos e sonharmos que somos necessitam tão somente de imaginação, tranquilidade e tempo para fazê-lo. Às vezes, o gatilho para o início é um objeto; em outras, uma música, uma imagem ou um momento. É por isso que damos tanta importância a essa brincadeira, que, às vezes, é iniciada por uma única criança e pode ser que outras se juntem a ela ou que sua fantasia seja tão potente que não necessite de mais ninguém. A única coisa que nós, as professoras, temos que fazer é observar, sendo respeitosas com essa atividade tão íntima, tão privada e tão libertadora.

Se as crianças se sentem confortáveis, é muito provável que, em algum momento, uma ou outra comece essa brincadeira; caso se sintam pressionadas para fazê-lo ou caso se trate de uma representação para o público, é possível que esta perca todas as suas qualidades até ser reduzida a uma mera memorização de frases ensaiadas com gestos ou movimentos. Por isso, é conveniente considerar as vantagens de escolher uma opção, e não outra. Devemos dizer, também, que o melhor indicador para saber se as crianças se sentem bem com a presença de um adulto é perceber se param ou não de brincar. É importante dizer que temos que conseguir que elas não se sintam invadidas pelo nosso olhar. Sobram perguntas e explicações, mas devemos assistir respeitosamente.

Nos primeiros dias, os pequenos representam somente para si mesmos. Na sala, temos muitos espelhos (grandes, pequenos, escondidos), e sempre há crianças brincando na frente deles, fazendo que são ou tão somente fazendo graça ao ver-se refletidas, contorcendo-se e dando voltas, fazendo de conta. O que é indiscutível é a sua capacidade libertadora e de expressão de sentimentos.

Para nós, o jogo simbólico faz parte de nossas vidas e da vida na escola, tanto no aspecto individual como em grupo.

Às vezes, depois da leitura de um conto de que gostamos muito, decidimos representá-lo e dividimos os papéis: personagens, espectadores, cenógrafos e responsáveis pelo figurino. Há crianças que sempre querem atuar, e outras que não gostam disso. Nunca forçamos situações; há quem só goste que tenha plateia, e não tem problema. Há ocasiões em que devemos repetir a representação até cansar, para que todos possam participar; em outras, sorteamos algumas crianças ou as escolhemos nós mesmas. Para esse tipo de representações rápidas, há livros que são muito úteis: *Rata linda*

Fio 13. Brincando de ser (outros)

de Compostela, *Chivos chivones*[1] ou *Dona Carmen*, que sempre são fontes de prazer, por mais que os repitamos.

Outras vezes, dramatizamos um poema dialogado ou uma música, ou, depois de pegar um objeto, eles brincam de faz de conta. Isso acontece sempre nos momentos de brincadeira na casinha, no supermercado, no cabeleireiro. Em outras ocasiões, também "teatralizamos" a vida real.

Contudo, não nos expressamos somente por meio do nosso corpo. Às vezes, fazemos isso com objetos específicos, como os fantoches. Com cada turma, costumamos fazer diversos marionetes que nos divertirão ao longo de muito tempo e que as crianças levarão para casa somente no final do ciclo.

---

1 N.T.: *Bodes dedos-duros*, em tradução livre.

O teatro de sombras nunca deu certo – exceto quando as crianças o assistem como público –; todavia, cada vez que ligamos o projetor, sempre tem alguém que aproveita para brincar com sua sombra na tela.

Qualquer momento pode ser bom para o jogo simbólico, para que os meninos e meninas brinquem de ser outros, mas nunca caímos na tentação de fazer representações públicas, já que perderiam o frescor e a alegria desses momentos únicos, que não se repetem, em troca de alguns segundos de aplausos.

A isso tudo somamos outra vertente: a de espectadores. Quanto a isso, sempre fazemos um pedido: "Mais teatro (bom), por favor". Pedimos e devemos selecionar obras que apelem à inteligência das crianças, não somente à risada fácil.

Para mais informações:
https://innovarteinfantilesp.wordpress.com/2011/11/25/titeres-de-palo
https://innovarteinfantilesp.wordpress.com/2015/02/02/titeres-en-la-cocina

Fio 14. Soltando a língua

Nas últimas turmas de alunos, notamos que, quando chegam à escola, sua capacidade comunicativa é menor, somada às dificuldades crescentes na fala. Quando comentamos isso com nossas colegas, todas constatamos o mesmo e todas buscamos a causa por que cada vez se fala menos com as crianças. Se somarmos as horas em que adultos e crianças permanecem absorvidos diante das telas; as que passam os pequenos, cada vez mais cedo, em todo tipo de atividades extraescolares, em que são incentivados a fazer algo mas não se conversa com eles; e as que passam descansando, na realidade sobra muito pouco tempo para falar, e isso é patente. O mesmo acontece conosco quanto ao controle do corpo nos movimentos e nos deslocamentos, o que atribuímos às mesmas causas.

É por isso que cada vez mais insistimos em atividades que favoreçam o desenvolvimento da fala, fazendo, como costumamos dizer às crianças, "ginástica com a língua", como soltar a língua e aprender a utilizar novas palavras. Esta é uma constante em nossa prática, da qual os exemplos que destacamos a seguir não são mais que uma pequena mostra do trabalho diário.

Onomatopeias

A brincadeira com onomatopeias é uma das mais celebradas em sala, embora, nesse caso, tenhamos introduzido um elemento novo. Após assistir à ópera bufa *Duetto buffo di due Gatti*,[1] de Gioacchino Rossini, durante a qual se pronuncia a onomatopeia "miau" – e da qual existem inúmeras versões –, decidimos trabalhar com as onomatopeias, pronuncíá-las, identificá-las, escrevê-las e manter conversas como a dos "due Gatti". Ademais, isso nos deu oportunidade de realizar uma interessante proposta de leitura e escrita, para a qual usamos as tabelas das onomatopeias presentes no Dicionário de Língua Espanhola.

Palavras monovocálicas

Quando os pequenos já reconhecem algumas sílabas e palavras, brincamos com as palavras monovocálicas. Para isso, também pedimos ajuda às famílias, para buscar aquelas palavras que cumprem o requisito de terem mais de uma vez a mesma vogal, podendo ser em galego ou em castelhano, inclusive em nomes próprios. Aqui as famílias se esforçavam muito para conseguir novas palavras, mas sempre aplicávamos a condição de que elegessem palavras conhecidas pelas crianças.

---

1 N.T.: *Dueto humorístico de dois gatos*, em tradução livre.

Fio 14. Soltando a língua

Assim, fomos anotando em uma tabela:[2]

	1	2	3	4	5	6
A		mamá, papá, caca, Ana, rata, paca, Marta	palavra, batata, fantasma	salamandra, amarrada, barbatana	alaranjada, abracadabra	
E		nenê, efe, Pepe, bebê, verde	celeste	descendente, envelhecer	decentemente	excelentemente
I		iris, pipi, mini	ti-ti-ti, piriri	pirlimpimpim		
O		osso, coco, ioiô, loro	pocotó, mocotó	cocorocó, horroroso, monólogo, protocolo		
U		Lulu, tutu	tuiuiú, brucutu			

Depois, como curiosidade, mostramos a elas textos e contos escritos com uma só vogal. Nesse caso, tinham que prestar muita atenção para ver se os autores haviam esquecido alguma outra vogal.

"Palavras de mel" na escola

Por causa das celebrações relacionadas com as "Letras galegas", quisemos ler um poema que nos fala do quanto é doce a nossa língua e do quanto ela foi desprezada no ambiente escolar, apesar de (ou por) ser a língua dos trabalhadores.

Foi necessário explicar às crianças o porquê das expressões "boca de mel" e "palavras de mel", que aludem à doçura da pronúncia galega;

---

2 N.E.: tabela com adaptações para esta edição em português.

foi fácil fazê-las notar isso por meio da comparação com o som de outras línguas (alemão ou japonês). Repetimos pausadamente as palavras do poema em várias ocasiões para apreciar sua doçura. Como às crianças – felizmente – parece impossível que não deixassem entrar na escola aquela menininha com suas palavras de mel, como homenagem e representação simbólica de que a língua galega pode sim entrar pela porta da nossa escola, enchemos a entrada de palavras galegas; inclusive levaram dicionários para procurar as mais lindas. É um gesto, não mais que um simbolismo, que, a nosso entender, ganha sentido em comemorações acerca da língua galega.

Invertendo as palavras

Por meio do álbum *Mago Goma*, que apresenta um excêntrico personagem cujo próprio nome inverte as sílabas da atividade que realiza, descobrimos também que há muitas palavras que geram outros significados quando se invertem suas sílabas: tapa/pata, bolo/lobo, mala/lama.

Encontramos palavras que, mesmo com a inversão de suas sílabas, continuam sendo as mesmas palavras (palindrômicas): asa, arara; e

Fio 14. Soltando a língua

palavras cuja transposição das suas letras gera significados totalmente diferentes (multianagramáticas): amor/ramo/romã/Roma; e outras, ainda, nas quais só se modifica uma única letra (paronomásia): bala/bela/bola/bula.

Como quase sempre brincamos com as palavras, envolvemos as famílias nessa atividade, que não tinha outro objetivo a não ser brincar com as palavras e soltar a língua.

Cem palavras para gastar de tanto usar

Quando chega o final do ciclo, os meninos e as meninas já escrevem palavras, e fazemos listas. Nós gostamos das listas, pois servem para organizar, para recordar, para compilar. Assim, de cada tema que tratamos, coletamos as palavras de que mais gostamos (as crianças ou a professora). Em nosso contexto escolar, o galego não é a língua predominante, e ainda que na escola as crianças se divirtam com ela, em algumas casas ela é desconhecida. Desse modo, decidimos fazer um livro com todas as nossas listas de palavras em galego para compartilhar com as famílias. Um livro em forma de leque, de 10x10, 10 páginas com 10 palavras em cada uma: animais, mamíferos, peixes, árvores, frutas, nomes de meninos e meninas, ferramentas, pássaros, flores e brincadeiras.

Cem palavras para gastar, para falar, para contar, para usar, para entreter e para desfrutar com elas.

Camélias com nome

Até o final do inverno, é raro o dia em que não nos presenteiam com uma camélia, a flor mais emblemática da Galícia, presente em quase todas as casas, jardins e caminhos. De início, nós as recebíamos com alegria, dizíamos à criança que era uma camélia e já a colocávamos na água. Depois, passamos a olhá-las com mais calma, especialmente porque nossos alunos observaram que sempre dizíamos que era uma camélia, ainda que fossem totalmente diferentes umas das outras. Assim, combinamos dar nome a elas; nós colocaríamos o nome, já que os verdadeiros nomes de cada variedade não eram muito fáceis de lembrar.

Até que, um dia, juntamos todas as camélias. Uma lição de variedades: há características comuns entre elas, mas cada uma também tem elementos diferenciadores que as tornam únicas, singulares e lindas: a cor, a forma, o número e a disposição das pétalas ou a visibilidade dos pistilos. As crianças também perceberam que as camélias não têm perfume (as variedades com que trabalhamos), mas isso não faz diferença, já que a sua beleza e a sua delicadeza compensam a falta de perfume.

Fio 14. Soltando a língua

Como sempre acontece, há nomes mais ou menos criativos; mesmo assim, porém, continuamos colocando nome na natureza: *camélia cortada, camélia chupachup, camélia de algodão, camélia lua cheia, camélia rosa e vermelha, camélia violeta, camélia saia de flamenco, camélia de nata, camélia venenosa, camélia passada, camélia teia de aranha...*

Graças a Sandra, uma colega professora que desenvolveu um magnífico projeto sobre as camélias, soubemos de poemas, de músicas e de representações pictóricas que nos deram a oportunidade para continuar falando de camélias e soltando a língua.

Quando as famílias dos nossos alunos chegam pela primeira vez à escola, na reunião do começo do ano, rara é a ocasião em que não nos perguntam sobre quando eles começarão a ler e a escrever, e sempre respondemos com as palavras do pedagogo brasileiro Paulo Freire:

A alfabetização é mais, muito mais, que ler e escrever. É a habilidade de ler o mundo, é a habilidade de continuar aprendendo e é a chave da porta do conhecimento.

Ao finalizar o ciclo, quando se despedem de nós e agradecem o trabalho realizado, sempre se lembram dessa citação e nos dão razão.

Para mais informações:

https://innovarteinfantilesp.wordpress.com/2014/05/27/100-palabras-para-gastar-de-tanto-usar

https://innovarteinfantilesp.wordpress.com/2014/03/31/camelias-con-nombre

https://innovarteinfantilesp.wordpress.com/2012/05/29/palabras-monovocalicas

https://innovarteinfantilesp.wordpress.com/2012/05/14/palabras-de-miel-en-la-escuela

https://innovarteinfantilesp.wordpress.com/2012/01/20/dandole-vueltas-a-las-palabras

__ **Fio 15**. Escutando a experiência __

Em nossas salas, gostamos de abrir a porta para a sabedoria de outras pessoas. Sempre tentamos fazer os nossos alunos verem que não sabemos tudo. De fato, muitas vezes não temos respostas para alguma questão que nos perguntam. No entanto, também tentamos mostrar-lhes que o mais importante é saber onde buscar ou a quem recorrer.

Por isso, costumamos abrir a sala para escritores, pesquisadores e muitos outros, que vêm, não para fazer palestras a qualquer momento; ao contrário, vêm quando sabemos que sua sabedoria ou sua experiência podem contribuir para novos enfoques ou novas soluções para algum problema que surge. Por exemplo: chamamos um astrônomo para que nos ajudasse a fazer o relógio analemático ou um pai que sabia preparar bonsais quando precisamos.

Há alguns anos, ao visitarmos as escolas municipais de Pistoia, na Itália, tomamos emprestada a ideia de um caderno que tinham na entrada, em que coletavam "As habilidades dos pais". Então, quem queria, anotava, apontava a sua habilidade, o que necessitaria para realizá-la (material ou ferramentas) e a que horas estaria disponível. No caso italiano, as famílias colaboravam muito na conservação das escolas. Em nossa versão, ficamos somente com os conhecimentos de temas específicos.

Sabemos que, em muitas salas, estabelece-se uma rotina em que, a cada semana/mês ou durante alguns dias, as famílias vão passando para contar o que sabem ou para ler um conto, o que acaba se convertendo em uma maratona de pais, alguns dos quais se sentem na obrigação de ir. Aqui, oferecemos outra possibilidade: que venham quando precisemos.

Na experiência a seguir, relataremos a visita de uma escritora e de um ilustrador para ver o que havíamos feito com base em um livro deles.

Ninho de palavras para *O peizoque Roque*[1]

Quando lemos *O peizoque Roque*, esperávamos poder realizar alguma experiência centrada nesse lindo livro de Dores Tembrás, que nos fala de um pequeno pássaro, o pisco-de-peito-ruivo, que é louco por palavras, poemas e lindos versos.

> *Mamá peizoque / nun toxo aniñou / e os cinco ovos / do vento gardou.*
> *Naceron xuntos / os pequerrechos / entre poemas / e lindos versos. […]*
> *O máis pequeño / anda a rosmar / chámase Roque / e non vai parar.*
> *Insiste e rabea / nada quere saber / se non son palabras / tampouco ha comer.*[2]

---

[1] N.E.: *O pisco Roque*, em tradução livre.

[2] N.T.: em tradução livre: *Mamãe pisco / num tojo aninhou / e os cinco ovos / do vento guardou. Nasceram juntos / os pequerruchos / entre poemas / e lindos versos. […] O menorzinho / anda a resmungar / chama-se Roque / e não vai parar. Insiste e rabeia / de nada quer saber / se não são palavras / tampouco há de comer.*

Fio 15. Escutando a experiência

E, assim, Roque vai pedindo aos diferentes animais que encontra palavras compridas como um rio, palavras que tragam calor, palavras que o assustem ou palavras para sonhar, até que, de volta ao ninho, compartilha essas palavras com os seus irmãos. Então,

O peizoque canso / reconta feliz / as palabras todas / antes de ir durmir.[3]

Uma colega nos emprestou dois ninhos abandonados por seus habitantes. Buscamos informações na internet e descobrimos que esse pássaro (pisco-de-peito-ruivo) costuma fazer seus ninhos em forma de prato, nas amoreiras, com folhas, ramos e raízes. Ele bota ovos nesses locais por volta de março e se alimenta de vermes ou de insetos e, no inverno, de bagas.[4] Escutamos seu canto e seu nome em outras línguas, que sempre aludem a seu característico peito vermelho (*petirrojo*, em espanhol; *paporrubio*, em galego).[5] Soubemos que, no outono, é comum que migrem de outras latitudes mais frias, razão pela qual podemos vê-los nos parques, sem medo dos humanos, de tal modo que é um dos pássaros mais fáceis de atrair para os comedouros e para caixas-ninho.

Retomando a história de Roque, combinamos fazer para ele um ninho especial na sala, que iríamos enchendo de palavras ao longo da temporada, para, na primavera, oferecer a ele como um lugar para aninhar, para botar ovos e para criar seus filhotes entre palavras, poemas e lindos versos. Então, pedimos à autora do livro, Dores Tembrás, e ao seu ilustrador, Xosé Tomás, que nos trouxessem o Peizoque Roque, para ver se ele iria gostar do lugar para viver nele.

---

3 N.T.: *O pisco cansado / reconta, feliz, / as palavras todas / antes de ir dormir* , em tradução livre.
4 N.E.: frutos com uma ou mais sementes soltas, como as uvas.
5 N.E.: pintarroxo, papo-ruivo ou papo-roxo são outros nomes para o pisco em português.

O ninho era um lugar simbólico. Fomos guardando os conhecimentos adquiridos, algo que se foi construindo com o tempo e com as vivências na sala. Ajudou-nos a sermos conscientes da passagem do tempo e de nossas aprendizagens. Foi, também, algo concreto, para o qual solicitamos a participação das famílias e de outros especialistas, que intervinham com os alunos. Assim, por exemplo, fomos coletando palavras em inglês também. Inclusive, com algumas delas, fizemos lindos versos para que, quando chegasse o pássaro, ficasse contente.

Esperamos durante meses, confiantes de que o Peizoque Roque considerasse a possibilidade de vir viver conosco na primavera, e, por fim, no mês de maio, anunciaram-nos a sua vinda, acompanhado da escritora e do ilustrador. A data foi definida e começamos os preparativos. Entre outras coisas, tivemos de refazer o ninho, já que havia sido construído no outono e, agora, ele tinha que expressar as mudanças ocorridas na paisagem. Também queríamos ter algum presente para os nossos convidados, e cada criança, com a ajuda de sua família, preparou um Peizoque (havia desde os mais sofisticados, com plumas e cores brilhantes, até os mais realistas).

Fio 15. Escutando a experiência

No dia em que Roque chegou em nossa sala, ficou maravilhado com tudo o que havíamos feito, buscando palavras bonitas para ele comer. A autora fez uma espécie de prolongamento da história que já conhecíamos de memória, incorporando a nidificação de Roque à nossa área, A Mahía, um vale muito fértil, cheio de rios e aves. Xosé Tomás ia complementando o relato de Dores Tembrás com ilustrações e incorporando as contribuições das crianças.

Finalmente, deixaram Roque instalado em seu novo lar e autografaram a mão de cada menino e menina.

Tanto nós como nossos alunos não nos cansamos de agradecer à autora e ao ilustrador, que tiraram um tempo para conhecer o público que admira sua obra. Acreditamos que se trata de um grande trabalho, que favorece o reconhecimento do labor literário e artístico. Contudo, sempre falamos da necessidade de que a visita de pessoas externas não pode limitar-se ao ato de recebê-las; é preciso preparar previamente o terreno.

Para mais informações:
https://innovarteinfantilesp.wordpress.com/2012/11/28/nido-de-palabras-para-o-peizoque-roque
https://innovarteinfantilesp.wordpress.com/2013/05/10/dores-tembras-y-xose-tomas-con-o-peizoque-roque
http://infantilamaia5.blogspot.com.es/2013/05/peizoque-roque.html (*blog* da sala)
https://dorestembras.wordpress.com/2013/05/13/o-peizoque-mais-feliz-en-a-maia (*blog* da autora)
http://xosetomas.blogspot.com.es/2013/05/unha-visita-moi-especial-ao-colexio.html (*blog* do ilustrador)
https://osmundosdelara.wordpress.com/2013/05/09/peizoque-roque (*blog* de uma aluna seus pais)

Os fios da infância

A tradução da língua galega: a visita de um tradutor

Em datas importantes alusivas às letras, parece que sempre se dá mais destaque aos que têm a escrita como ofício, os escritores, por sua grande contribuição à criação e ao desenvolvimento da língua, mas quase ninguém se lembra daqueles que se dedicam a traduzir os textos que nasceram em outras línguas.

Poderia parecer algo muito complexo para as crianças da educação infantil entenderem, mas, como sempre, elas nos surpreenderam. Foi tão fácil como colocar em cima da mesa os livros que fomos acumulando em nossas viagens ou aqueles que tínhamos ganhado. Assim, juntamos as publicações em francês, inglês, italiano, português, alemão ou catalão, algumas das quais as crianças reconheciam por já estarem traduzidas para o galego, e outras elas conjecturavam sobre os títulos, auxiliadas pelas ilustrações.

Por isso, perguntamos quem eram as pessoas que faziam o trabalho de traduzi-las para o galego ou o castelhano, para que pudéssemos ler.

Pedimos ajuda a um amigo, Xosé Antonio López Silva, docente, pesquisador do Instituto da Língua Galega (ILG) e tradutor – além de filho de uma professora de educação infantil –, que explicou magistralmente, com exemplos, em que consiste o ofício do tradutor.

Fio 15. Escutando a experiência

Ele envolveu a todos, cumprimentando uma menina etíope, que fala um excelente galego, em sua língua de origem, e cantando para ela o *Parabéns a você*, assim como o *Happy birthday*. Desse modo, as crianças foram entendendo como se expressa a mesma mensagem em uma língua ou em outra.

Em seguida, elas viram as capas de uma das obras traduzidas em mais línguas e dialetos (180), *O pequeno príncipe*, com as quais havíamos trabalhado nos dias anteriores, assim como com alguns fragmentos e vídeos da obra, tanto na sua língua original como em outras.

Depois, o tradutor leu para elas *Litte Beauty*, do britânico Anthony Browne, uma linda história de um gorila que aprendeu a se comunicar por meio da língua de sinais e que pede um amigo; então, os seus guardiões o levam até uma pequena gatinha, com a qual ele estabelece uma amizade, apesar das diferenças físicas.

Em vista da versatilidade de Xosé Antônio e do seu conhecimento das línguas, as crianças se empolgaram e começaram a lhe perguntar como se diziam certas palavras em outros idiomas. Ele soube responder satisfatoriamente, inclusive em japonês ou em chinês. Três irmãos que havia na sala tinham muita curiosidade por saber como se dizia "trigêmeos" em outras línguas. Ele finalizou sua participação com canções em francês.

Essa foi outra experiência de vida que reforça o que já foi mencionado sobre a pertinência das visitas.

Para mais informações:
https://innovarteinfantilesp.wordpress.com/2013/05/17/la-traduccion-al-gallego-la-visita-de-un-traductor

Fio 16. Desvendando mistérios

A vida diária está cheia de mistérios sem explicação para os pequenos. Por que chove? Por que o arco-íris aparece? Por que as poças d'água desaparecem? Para onde vai a água do mar quando baixa a maré? Como crescem as unhas ou o corpo? Onde ficam guardadas as palavras que dizemos? Por onde escapam os cheiros? E outras muitas perguntas necessitam da nossa colaboração para ajudá-los a desvendar o segredo que ocultam.

Por esse motivo, sempre realizamos tarefas de investigação, para as quais apontamos previamente possíveis respostas ou hipóteses para buscar informações, contrastá-las, e, finalmente, refutá-las ou descartá-las. Não gostamos de dar soluções prontas; preferimos dedicar nosso tempo e nosso entusiasmo para fazer indagações.

Essas tarefas, que, por fim, também se convertem em experiências de vida e nas quais colaboram as famílias ou pessoas de fora da escola, podem ter durações muito variadas, já que sempre as definimos como experiências elásticas: sabemos quando começam, mas ignoramos até onde podem chegar.

Em seguida, como exemplo, mostraremos três experiências: "Areia cinética, areia da lua ou areia mágica", "Cabaças espinhosas: chuchus" e "O galo de Barcelos e as previsões meteorológicas".

Areia cinética, areia da lua ou areia mágica

Nossos alunos ficaram maravilhados quando uma colega nos trouxe uma bolsa de areia cinética do Museu das Crianças de Manhattan, em Nova York. Não conhecíamos esse tipo de areia, e sem vê-la e/ou tocá-la, fica muito difícil explicar a sensação que produz, tanto visual como tátil, mas há vários vídeos na internet que permitem ter uma ideia bastante aproximada.

Naquela época, estávamos muito dedicados a nossas oficinas de modelagem, e essa forma de trabalhar com esse material era uma experiência e uma sensação que não lembrava nenhuma das outras massas ou pastas que havíamos usado anteriormente. Ela tem, inclusive, um efeito relaxante, quase hipnótico quando se observa como se expande ou desmorona.

Fio 16. Desvendando mistérios

Ficamos tão envolvidos que buscamos na internet como poderíamos fabricá-la em sala, porque era muito cara.

Em uma primeira busca, vimos várias receitas que nos pareciam muito simples; aparentemente, tratava-se de adicionar óleo de bebê. Coisa fácil! Então, buscamos areia, e, como indicado, colocamos no forno, para eliminar germes; peneiramos e, animados, adicionamos o óleo. As crianças foram as primeiras a notar que aquilo não era igual à areia cinética comercial que havíamos conhecido. Perceberam que essa manchava as mãos – coisa que não acontecia com a outra –, que não conseguíamos compactá-la para dar-lhe forma e que não se desfazia rápido como a outra. Vimos se seria o caso de colocar mais óleo, contudo, não era esse o problema. Gostaram de brincar com ela, mas não faziam mais do que comparar com a lembrança tátil e visual que tinham da outra areia. Deram muito de si, por isso, não entendemos a experiência como fracasso; pelo contrário, deu-nos ânimo para seguir questionando e testando novas fórmulas.

Um menino apontou que talvez tenha havido uma confusão e que, certamente, o material a se utilizar deveria ser gel para bebê, já que era mais pegajoso. A todos os demais pareceu acertada a proposta, de modo que essa seria a segunda tentativa. Outros apontaram a possibilidade de colocar água. Outros, ainda, de que podia tratar-se de amaciante, porque deixava as mãos mais suaves. Pareceu-nos incrível a quantidade de hipóteses ou alternativas que saíram. Combinamos, também, que pedissem aos seus pais que buscassem em seus computadores ou *tablets* algo que pudesse ser diferente do que nós tínhamos.

Por nossa conta, refinamos mais a busca e verificamos que a areia cinética é um composto formado por areia em sua maior parte (98%), mais 2% de compostos químicos, como o polidimetilsiloxano, um silicone baseado em um polímero orgânico que tem algumas propriedades particulares como a maleabilidade, não seca, não mancha – porque somente gruda em si mesmo –, e não é tóxico. Ademais, esse composto é tão caro que não compensa fazê-lo em casa.

Porém, já estávamos envolvidos na tarefa. Agora não havia como voltar atrás; ao menos devíamos comprovar as propostas das crianças. Não tínhamos nada a perder: estávamos investigando, manipulando, exercitando a memória visual, tátil, e, pelo menos, elas estavam mais animadas. Assim, verificamos também a possibilidade de adicionar amido de milho (Maizena) e água.

Mais uma vez, preparamo-nos para os testes: dividimos as crianças em quatro grupos segundo apostassem pela opção de água + óleo, gel, amaciante, ou o ingrediente secreto da professora, amido de milho, que, na verdade, não contou com muitos seguidores, exceto um menino e uma menina que, sabíamos, posicionaram-se mais por fidelidade do que por convicção.

No papel, preparamos uma tabela de verificação de hipóteses, que cada um preencheria de acordo com sua percepção dos resultados conseguidos com os diferentes ingredientes. Levamos em conta o atendimento das características singulares da areia mágica: não mancha, é modelável, desmorona e se move. Estávamos conscientes da dificuldade envolvida na verificação de uma das condições, a que estava formulada no negativo ("não mancha"). Poderíamos colocá-la sem a negação – isso facilitaria seu entendimento –, porém, desse modo, não nos dariam todas as comprovações afirmativas, por isso, decidimos mantê-la assim. Para conseguirmos a fórmula correta, o material teria de cumprir todas as condições em si, conforme ocorria com a areia comercial.

Depois dos três primeiros fracassos, e vendo o desânimo deles, chegamos a prometer que, se não conseguíssemos, compraríamos um pacote de areia cinética.

Quanto aos resultados do produto, temos que reconhecer que somente conseguimos nos aproximar da qualidade da areia comercial com a mistura de Maizena, o que fez as crianças pularem de alegria como quando cientistas fazem uma grande descoberta. Com a exceção de que mancha um pouco – não tanto como as outras –, o movimento que a areia faz compensa essa diferença. Assim, pode-se ver nas tabelas de controle que os "investigadores" mais tradicionais tiveram dúvidas sobre colocar "Sim" ou "Não" na seção de cumprimento dessa condição.

Quando iniciamos o processo com a Maizena, a opinião dos observadores era totalmente negativa, porque, segundo indicava a receita, era preciso misturar dois copos desse amido com água; essa mistura se solidificou imediatamente, de modo que as crianças já diziam que era "Falso". Depois, tivemos que desmanchar essa maçaroca que diziam parecer um queijo. Parecia impossível que aquilo pudesse "absorver" os quatro copos de areia que devíamos acrescentar. Jogamos um pouco mais de água, e, então, veio a surpresa: aquilo começou a se mover! Foi um momento incrível, e eles exclamavam "*Conseguimos!*", "*É verdadeira!*". Não sabemos se os engenheiros da Nasa se alegram tanto quando lançam um foguete como nós nos alegramos. Foi fantástico, mas, como sempre, para nós, foi mais importante todo o processo da experiência investigadora do que o produto em si.

Quando começamos, não podíamos imaginar que fosse render tanto, porém, foi outra dessas nossas experiências "elásticas", que foi além do esperado. O que estava a caminho de ser uma atividade pontual e relaxante converteu-se em toda uma experiência de esforço e investigação.

Cabaças espinhosas: chuchus

Fomos presenteados com um lindo cesto de chuchus, também conhecidos como maxixe, caxixe ou machucho. O fruto de uma planta trepadeira da família das cucurbitáceas (como as abóboras), que, em alguns lugares da América Latina, é consumido da mesma forma que as batatas.

Queríamos guardá-los para plantar na primavera e, assim, ver como as plantas nascem diretamente de um fruto, já que, em outras ocasiões, tínhamos visto a reprodução por broto, por semente, por bulbo, por folha etc. Entretanto, aparentemente se deram tão bem em nossa sala que alguns já começaram a germinar e a crescer em um ritmo de 2-3 cm por dia (são como os feijões mágicos), de modo que já pensávamos o que faríamos com eles quando ficassem maiores, porque precisariam de uma treliça.

Isso nos deu base para falar com os nossos alunos sobre as necessidades vitais das plantas, e, inclusive, fazer testes, privando-as de um destes elementos: água, luz, cor, para comprovar se, assim, germinariam igual às outras que têm todas as suas necessidades atendidas. Preparamos um quadro com entrada dupla para fazer o acompanhamento e, assim, poder tirar as conclusões.

Enquanto isso, a planta que desfrutava das três condições crescia e crescia. Um presente da natureza para o conhecimento dos meninos e das meninas.

O galo de Barcelos e as previsões meteorológicas

Um aluno que passou o fim de semana em Portugal trouxe como presente para a turma o típico galo português, que muda de cor de acordo com a umidade do ambiente, fazendo uma certeira previsão meteorológica em curto prazo.

Nenhum dos seus colegas conhecia essa lembrança típica do país vizinho, presente em quase todas as casas galegas, nem conheciam, obviamente, a lenda que originou esse *souvenir* tão representativo de Portugal. Por isso, quando abrimos o pacote, estranharam um pouco. Vimos que

Fio 16. Desvendando mistérios

trazia as explicações em quatro idiomas (espanhol, português, inglês e francês), e, atraídos pelo texto que dizia que o galo podia ficar de nove cores diferentes, começamos a lê-lo. Foi assim que soubemos da lenda do peregrino que, ao fazer o Caminho de Santiago, foi acusado falsamente, e, na presença do juiz, disse que, para confirmar a sua inocência, quando ele fosse executado, o galo que estavam comendo cantaria.

Imediatamente decidimos comprovar se era verdade que o galo mudava de cor. Logo depois de abrir o pacote em que ele veio, as asas e o rabo do galo passaram de um cinza arroxeado para um azul intenso (que, aparentemente, é a cor que ele assume quando se espera calor), mas o céu, o dia e a nossa estação meteorológica diziam outra coisa. As crianças refletiram sobre o assunto e chegaram à conclusão de que o galo deveria ficar fora da sala, pois dentro sempre faz calor. Assim, durante o recreio, levamos o galo para fora, e sua cor mudou para um violeta (anúncio de chuvas). Observando isso, concluíram que o galo deveria ficar do lado de fora, como ocorre com o sensor externo da pequena estação meteorológica que temos na sala. Então, as previsões e a cor do galo passaram a coincidir, como pudemos comprovar em várias verificações que fizemos ao longo dos dias e que registramos em uma tabela comparativa.

Faltava-nos somente saber a razão pela qual o galo mudava de cor. Fizemos uma pesquisa na internet e descobrimos que isso se deve a um produto que aplicam nele. Contudo, quisemos que as famílias participassem e, por isso, enviamos a elas um questionário com três perguntas: se tinham algum galo de Portugal em casa; se sabiam por que mudava de cor; e se acreditavam que o galo acertava a previsão do tempo.

Descobrimos que, em muitas casas – as dos avós, em especial – havia algum elemento que estava representando esse popular símbolo português (aventais, porta-copos, panos de prato, toalhas de mesa, relógios e objetos de cerâmica), e que confiavam totalmente no que dizia a cor do galo. O que ninguém nos disse é como o galo consegue mudar de cor. Assim, foi graças a um presente que fizemos uma pequena investigação que nos manteve entusiasmados.

Qualquer mistério a ser desvendado pode servir para uma pequena experiência em que a escola e a família colaborem conjuntamente.

Para mais informações:
https://innovarteinfantilesp.wordpress.com/2014/12/12/arena-cinetica-arena-de-la-luna-o-arena-magica-verificando-o-descartando-hipotesis
https://innovarteinfantilesp.wordpress.com/2012/12/17/calabazas-espinosas
https://innovarteinfantilesp.wordpress.com/2015/03/24/el-gallo-de-barcelos-y-las-previones-meteorologicas

Fio 17. Saindo para a vida real

Na última década, tem surgido um novo setor no mercado: o dedicado ao "entretenimento didático" para os pequenos. Por isso, é comum que as excursões escolares se dirijam a espaços criados para essa finalidade, centrando-se, em alguns casos, em aspectos do meio ambiente, do consumo responsável, da reciclagem, do conhecimento de tradições etc. Para assistir a essas *pseudoaulas*, às vezes os alunos têm que fazer longos deslocamentos de ônibus e passar por inúmeras oficinas em que realizam tarefas com a intenção de que deixem marcas em suas aprendizagens. Nossa opinião é que isso traz mais saturação e mais aceleração para a infância, além de pensarmos que é colocá-los em uma ficção a mais, além das muitas em que os inserimos.

Costumamos dizer que a vida na escola é uma ficção que segue alguns códigos que, às vezes, não se encaixam na vida real, daí o nosso empenho em normalizar as atividades que as crianças realizam, para que não se convertam em conhecimentos inúteis para a vida fora do reduto escolar. E isso também se aplica às atividades extraescolares, nas quais acontece a mesma situação.

Muitas vezes, exposições de arte, teatro, concertos, museus e parques estão cheios de crianças – multietiquetadas com seus nomes – que chegam em fila, segurando uma corda, com camisetas ou viseiras com logotipos, ou com mascotes da escola, e que vão passando de um ponto a outro, no atropelo, para que possam aproveitar bem a visita. Isso não acontece na vida real, ou acontece, mas não é o ideal para poder sentir a arte, a natureza ou as tradições.

Não acreditamos que seja necessário introduzir o conhecimento pelas veias. Somos mais partidárias de que as crianças se impregnem do ambiente, e cabe a nós, docentes, ajudá-las a questionar os valores presentes ou ausentes em um contexto real. Nossas saídas sempre são para espaços reais (não adaptados sob programas educativos). Acreditamos que nisto reside a nossa função docente: fornecer às crianças os códigos que lhes facilitem a compreensão do que vem do mundo real.

Gostamos de dizer que em absoluto somos partidárias dessas saídas já tão arraigadas nas escolas de educação infantil. Nossa opção tem que ser serena, tranquila, com todos os sentidos bem predispostos, para que o conhecimento entre por osmose pela pele e deixe marcas permanentes.

Em diferentes capítulos deste livro são mostradas experiências de vida em que as saídas com as crianças são um complemento, um gatilho ou um encerramento de atividade, procurando que sejam sempre nos entornos da escola (aproveitando o que existe, não perseguindo o que não existe), saindo como cidadãos comuns (sem ir uniformizados nem como condenados), como nós, adultos, gostamos de ir a lugares dos quais verdadeiramente gostamos (não aqueles onde vamos para que nos façam engolir pesadas lições). Ir à rua, ao mercado, ao bosque, à biblioteca, como iria alguém que está passeando, um consumidor ou um leitor comum, é isso o que tentamos com nossos grupos de alunos e o que comunicamos às famílias, para que não pensem erroneamente que estamos privando os seus filhos de Cultura, com letra maiúscula.

Relataremos a seguir uma de nossas experiências mais recentes, uma das que mais gostamos, durante a qual acreditamos ter aberto nossos olhos para a natureza e para o compromisso cidadão.

Abrindo o outono no Paço do Sol e da Lua

No começo do curso, ao programarmos as atividades relativas a um projeto sobre a plantação de árvores frutíferas da escola, apontamos possíveis passeios que enriquecessem o repertório de experiências dos nossos alunos, como ao Paço do Faramello [*Pazo del Faramello*, no original], por sua proximidade da escola. Então, entramos em contato com o seu dono, que, no mesmo dia, convidou-nos a conhecer o local. Como era próximo, resolvemos ir. Descobrimos que a definição que as instituições turísticas dão a esse lugar, chamando-o de "a essência da Galícia", é totalmente certeira, destacando sua atípica origem industrial e ter sido fonte de inspiração para autores como Rosalía de Castro, Camilo José Cela ou Emilia Pardo Bazán. Além disso, ainda hoje, o Paço conserva intacto o aspecto que teve na época deles e preserva as remanescências do patrimônio celta e da lenda Jacobea que caracterizam o bosque que o circunda.

Entretanto, ainda nos esperava outra surpresa. Em terrenos de livre acesso do Paço, seu dono criou o Jardim da Lembrança [*Xardín do Recordo*, no original], um memorial às vítimas do acidente ferroviário de Angrois,[1] plantando uma árvore para cada um dos 81 mortos. Com a intenção de continuar embelezando esse lugar para a posteridade, ele nos havia dito que a única coisa que pedia aos grupos das escolas era uma contribuição para comprar mais árvores e, desse modo, manter vivo um espaço que, ainda que tenha nascido de uma fatídica desgraça, agora, com a colaboração de todos, poderia converter-se em um lugar bonito para a diversão e o prazer das pessoas.

---

1 N.E.: grave acidente ferroviário ocorrido em Angrois, na chegada a Santiago de Compostela, em 24 de julho de 2013.

É claro que saímos de lá encantadas com a ideia de levar os nossos pequenos para conhecer o Paço e de contribuir com uma árvore para o Jardim da Lembrança. Desde então, fomos planejando o que queríamos fazer, pois permitem adaptar a visita aos interesses dos grupos de alunos. Apesar de todas as nossas conversas preparatórias, decidimos que o melhor para os pequenos seria andar por aquele monte escutando os pássaros, descobrindo cogumelos, recolhendo castanhas, sentindo o aroma fresco do outono, olhando o movimento do rio e cruzando ponte por ponte, sem pressa, sem muitas preocupações. Desfrutar e nada mais: pode ser que aí residisse o sucesso do passeio.

Depois de todos os trâmites necessários, quisemos estrear o outono de 2016 no Paço do Faramello.

Ver os nossos alunos comendo uvas do pé, recolhendo castanhas, escutando a melodia do rio Tinto conforme caminhavam, pisando em folhas secas pelo lendário caminho da rota Traslatio Xacobea, cercada por árvores centenárias, pode ser uma dessas recordações que todos guardamos na caixa das coisas bem feitas. Foi, certamente, um desses dias em que tudo parece estar bem, com os quais às vezes a vida nos presenteia.

Fio 17. Saindo para a vida real

Para fechar o passeio, um lanche – com frutas da horta, como maçãs, figos, uvas, ameixas e castanhas –, no campo em forma de meia-lua do Jardim da Lembrança e sob um magnífico exemplar de *Cercis siliquastrum*, a olaia ou árvore-de-judas, que, na Espanha, também é conhecida como "árvore do amor", pela forma de coração das suas folhas.

Por ser a primeira vez que recebiam um grupo tão numeroso de crianças pequenas, fomos acompanhados por uma paisagista, uma técnica especialista em reflorestamento de bosques com espécies nativas e uma especialista em cogumelos. Merece uma menção à parte o acompanhamento carinhoso e discreto de um casal, pai e mãe de uma jovem vítima do acidente do Alvia,[2] pessoas que, mesmo em sua dor sem consolo, apoiam o trabalho de seguir adiante com o Jardim da Lembrança, porque agora serão lindas árvores que recordarão os seus entes queridos.

Para nós, os dias anteriores ao passeio foram de preparativos, aproveitando ao máximo tudo o que encontramos na internet para saber mais do que íamos ver no Paço. Ao navegarmos na rede, descobrimos um dos signos de identificação do Faramello: o Sol e a Lua – que vem das origens do seu fundador, um nobre italiano que, por amor, estabeleceu-se nesse lugar e colocou em funcionamento a primeira fábrica de papel da Galícia –, e, desse momento em diante, as crianças decidiram rebatizá-lo como o Paço do Sol e da Lua.

Quando surgiu a questão de como manifestar o nosso agradecimento ao nosso anfitrião e aos acompanhantes, as crianças já tinham claro o que queriam: um quadro e alguns livros. O tema do quadro não poderia ser outro senão uma "árvore do amor" ao lado do rio, com um sol e uma lua. Houve um sério debate na sala sobre se o quadro deveria intitular-se *Jardim do Sol e da Lua* ou *Jardim do Amor*, porém, como nem pelo voto conseguimos acalmar os que não ficaram contentes, integramos os dois. Com relação aos livros, não tiveram dúvida: *O homem que plantava árvores*, de Jean Giono, e *A árvore generosa*, de Shel Silverstein.

---

[2] N.E.: nome da companhia da qual fazia parte o trem que descarrilou em Angrois.

Jardim do Sol, da Lua e do Amor, junto com *Yeats no Faramello*[3] – uma colagem maravilhosa criada pela especialista de inglês com as crianças da escola – dariam início a uma nova coleção de arte no Paço do Faramello.

Para os que trabalham com o objetivo de influenciar a formação das novas gerações em ecologia e meio ambiente, dedicamos esta citação de R. L. Stevenson:

"Não julgue cada dia pela colheita que você obtém, mas pelas sementes que você planta."

No dia seguinte, confirmamos mais uma vez o sucesso da visita, quando, ao entrarmos na sala, as crianças nos pediram indicações para

poderem ir ao Paço com os seus pais, falar sobre a "árvore do amor" que havíamos plantado e lanchar na ilha do rio Tinto. Passamos a manhã elaborando um plano que elas levaram para suas casas, com todas as informações necessárias para poderem reviver a experiência em família.

Nossa pretensão é que isso não pare por aí; dessa forma, comprometemo-nos a visitar de novo o Paço do Sol e da Lua na primavera, quando a "árvore do amor" que plantamos esteja em plena floração. Até lá, teremos preparado outro presente, que será nossa contribuição ao Jardim da Lembrança: uma escultura com 81 partes de tronco de pinheiro, junto com placas de madeira sinalizadoras do parque e das trilhas do antigo Caminho de Santiago.

---

3 N.E.: referência ao poeta irlandês William Butler Yeats.

Fio 17. Saindo para a vida real

Depois do relato dessa experiência, acreditamos não ser necessário detalhar mais sobre as possíveis aprendizagens dos pequenos e das suas famílias, mas apenas mencionar que, em nosso caso, consideramos que tenha se cumprido o provérbio latino com o qual, desde 1712, o Paço do Faramello recebe os seus visitantes:

"Paz aos que venham. Saúde aos que o habitam. Felicidade aos que vão."

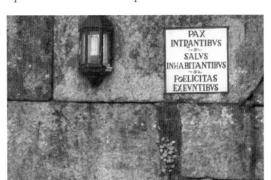

Para nós, trata-se de uma experiência de vida real, e não simplesmente um passeio escolar.

A árvore do amor

Sempre insistimos na ideia de que as excursões escolares não podem ficar reduzidas ao simples momento da sua realização; muito pelo contrário, precisam tanto de uma preparação prévia como, mais ainda, da continuidade da atividade. Quando visitamos um lugar e conhecemos as pessoas que nos tornam participantes dos seus projetos e das suas fantasias, é como se nos prendêssemos a um fio invisível que, de vez em quando, esticamos, para saber uns dos outros, ainda mais quando se trata de uma experiência como foi a visita ao Paço do Sol e da Lua, que deixou tantas marcas profundas em nossos alunos, os quais, desde então, aproveitam fins de semana e feriados para regressar ao local com suas famílias.

Já no mesmo dia da nossa visita, havíamos convidado os nossos anfitriões para que viessem nos visitar na escola, e ficou combinado que levariam as folhas da árvore que havíamos plantado, quando elas caíssem. E foi assim que, no fim do mês de outubro, recebemos nossos convidados como se fizessem parte da história de vida dos pequenos.

Vale destacar que preparamos muito bem a recepção e a acolhida de Asun, Esther e Gonzalo. Do mesmo modo que eles fizeram conosco, sabíamos o que queríamos ensinar a eles e tínhamos distribuído as responsabilidades de cada um para a visita. E isso não é insignificante, já que a espontaneidade e a improvisação infantil podem salvar qualquer situação, mas isso não quer dizer que não se tenha que selecionar, organizar e planejar a maneira de fazer, sobretudo para que as crianças vivenciem a tomada de decisões, priorizando alguns aspectos em detrimento de outros, porque não podíamos mostrar toda a escola e todos os nossos "tesouros" em um período tão breve de tempo.

Ao final da visita às instalações da escola, os convidados passaram em cada uma das salas dos grupos de 4 anos. Na nossa, estava prevista a entrega de um quadro a Asun, também professora e mãe de uma das vítimas do acidente de Angrois, em memória das quais foi construído o Jardim da Lembrança.

Também esperávamos que nos fizessem a entrega das folhas do *Cercis*, com as quais realizaríamos uma intervenção plástica, para ficar na sala como recordação e como marco de nossa experiência, até que, na primavera, a árvore volte a se cobrir de folhas e flores. Por esse motivo, havíamos falado muito sobre o simbolismo dessa árvore e do porquê ela é conhecida como "árvore do amor" na Espanha. O manto de flores rosadas que as preenche na primavera e a forma de coração das folhas são razões suficientes, porém, nesse caso, mais ainda por se tratar da espécie escolhida para representar o amor das famílias por seus entes queridos que faleceram.

Buscando aprofundar mais isso, pedimos a cada criança que dissesse uma palavra que associava ao amor. Assim, anotamos 25 ideias pessoais e diferentes, às quais somamos algumas mais de cada um dos nossos visitantes. Com uma escrita cursiva, fomos entrelaçando no papel o nome de cada

Fio 17. Saindo para a vida real

criança e a definição dada por ela, traçando, ao mesmo tempo, a forma de uma árvore, nossa "árvore do amor" particular. Em grupos, demos o toque final na singela obra com tintas aquarelas, que ficou à espera das folhas a qual os nossos visitantes entregariam.

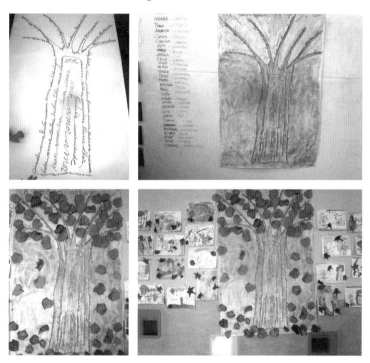

Aprender a dar, a receber, a agradecer, a guardar recordações bonitas, a conservar as amizades e a não perder de vista aquilo em que nos envolvemos são sempre constantes em nosso trabalho educativo, pois pensamos que poucas coisas podem ser mais importantes para a formação de uma pessoa.

Para mais informações:
https://innovarteinfantilesp.wordpress.com/2016/09/22/estrenando-el-otono-en-el-pazo-del-sol-y-de-la-luna
https://innovarteinfantilesp.wordpress.com/2016/11/07/el-arbol-del-amor
https://innovarteinfantilesp.wordpress.com/2016/12/10/la-escuela-bosque-amadahi-y-el-pazo-del-sol-y-la-luna-un-binomio-magico

Fio 18. Sendo gente pequena

Nos últimos tempos, a educação em valores parece estar reduzida à celebração de determinadas datas fixadas no calendário escolar, e a educação infantil não escapa disso. Muito ao contrário disso, sempre apostamos no seu exercício diário, visibilizando e valorizando os pequenos gestos que constituem a base real da educação em valores. Acreditamos mais no impacto educacional da cotidianidade dos pequenos gestos do que no impacto dos festivais, das manifestações, das declarações, das exposições ou dos aplicativos de computador sobre um ou outro valor, especialmente quando se trata das idades com as quais trabalhamos.

Há algum tempo temos registrado essas pequenas ações, que estão ao alcance de todos, e que podem nos ajudar a melhorar a convivência, o meio e a vida em geral. A isso chamamos "Coisas pequenas de gente pequena em lugares pequenos que podem mudar o mundo",[1] como uma homenagem ao autor desse pensamento, o falecido Eduardo Galeano. Fizemos um cartaz com todas essas ações anotadas para tê-las bem visíveis e saber das nossas pequenas conquistas. Essas coisas podem parecer insignificantes, pequenas, banais ou nada originais, é possível, mas todos concordarão conosco que muitas delas mudariam o mundo se as fizéssemos: apagar a luz da sala de aula quando saímos, acender somente as luzes que precisamos, não abrir a torneira com toda pressão, cumprimentar as pessoas com as quais cruzamos e desejar-lhes um bom dia, sorrir para as que encontramos na rua ou nas lojas, consolar os que precisam, ajudar os necessitados, ou alegrar-nos e felicitar os outros por suas boas ações.

Sabemos bem que há quem diga que essas coisas cheiram a algo antiquado e parecem remeter a outras épocas e outras escolas; é possível, mas as coisas boas que tornam a vida mais agradável para todos não precisam desaparecer ou parecer ultrapassadas. Contudo, aqueles que querem ser mais atuais, que as chamem como quiser: assertividade, empatia, habilidades sociais ou competências emocionais; tanto faz para nós como vão chamá-las, uma vez que o importante é fazê-las. De qualquer maneira, tais coisas não podem ser fruto de um programa, e sim de uma vivência real e constante (seja como protagonistas, seja como espectadores), verbalizando continuamente cada uma dessas ações, tanto no momento em que se realizam como quando não se cumprem.

Pensamos que não existe melhor educação para o consumo responsável do que o aproveitamento e a reutilização de recursos, o uso de materiais cotidianos excedentes e o exercício da austeridade, entendida como "menos é mais". Acreditamos que não há melhor educação ambiental, ecológica e de sustentabilidade que o cuidado com o patrimônio natural,

---

[1] N.E.: Pensamento original: "Mucha gente pequeña en lugares pequeños, haciendo cosas pequeñas pueden cambiar el mundo." Tradução: "Muitas pessoas pequenas, em lugares pequenos, fazendo coisas pequenas podem mudar o mundo."

Fio 18. Sendo gente pequena

despertando admiração por sua beleza e dando a conhecer os benefícios que nos causa.

Pensamos que não existe melhor educação para a paz e a justiça que a solução razoável e justa dos conflitos que surgem na sala de aula, a satisfação pelo cultivo da amizade e da troca de ideias e experiências. Claro que, tudo isso, sempre explicando e dando os motivos pelos quais devemos nos comportar assim, não porque vão conseguir um prêmio, mas porque é a única maneira possível de ser gente.

Desde o início do ciclo com um grupo de alunos, procuramos envolver as famílias, de modo que, em casa, também se destaquem as conquistas das crianças. Pedimos a pais e mães que nos enviem recados com os pequenos feitos de seus filhos/filhas, que os fazem sentir-se orgulhosos deles. Quando chegamos ao final dessa turma, tiramos uma foto na qual aparecem todas essas coisas pequenas de gente pequena que podem mudar o mundo, para que levem uma cópia para suas casas e se lembrem de que houve anos em que esses pequenos gestos que estão em suas mãos ajudaram todos nós a vivermos mais felizes.

Para mais informações:
https://innovarteinfantilesp.wordpress.com/2015/05/06/cosas-pequenas-de-gente-pequena-en-lugares-pequenos-el-valor-de-los-pequenos-gestos

Em todas as experiências de vida relatadas nesta publicação, pode-se perceber o trabalho de fundo da educação em valores. Ainda assim, há determinadas ocasiões em que trabalhamos algum aspecto específico, como as que mostraremos a seguir: "Floresta queimada e cortada", "Troca sem gasto" e "Votando como as pessoas mais velhas".

Floresta queimada e cortada

Nossos alunos, apesar de pequenos, sabem o que está acontecendo no mundo, veem TV e ouvem as notícias. Na volta do verão, a notícia impactante que todos queriam nos contar é que os montes próximos da nossa localidade foram queimados; na verdade, o fogo esteve muito perto da casa de uma menina, e sua família passou medo e momentos angustiantes.

Para fazê-los ver a perda natural irreparável desses incêndios, para além do impacto visual da área negra e cheia de cinzas, levamos para a sala um corte de tronco de pinheiro para que pudessem apreciar os anéis anuais de crescimento de uma árvore. Nós os fizemos ver que, como eles, as árvores crescem ao longo dos anos. Observamos detalhadamente a informação contida nos círculos concêntricos – anos de bonança, anos de seca, cicratizes e outras marcas da vida. Também vimos o que acontece depois dos incêndios, quando todas as árvores precisam ser cortadas. Isso resultou em muitas conversas. Decidimos fazer decalques dos anéis para poder apreciá-los melhor e para os alunos ensinarem às suas famílias; foram usados giz de cera macio e papel carbono. Uma vez recortados, quando estávamos procurando um painel para pregá-los e expô-los como uma área de uma floresta, uma criança nos disse que tinha que colocá-los sobre papel preto, já que era uma "floresta queimada e cortada".

Fio 18. Sendo gente pequena

Essa intervenção, do ponto de vista artístico, poderia ser classificada como arte conceitual, embora, para nós, o mais importante foi o contato com o que acontece à nossa volta e com os perigos que cercam o meio ambiente.

Para mais informações:
https://innovarteinfantilesp.wordpress.com/2011/10/21/bosque-quemado-y-talado

Troca sem gasto

Antes de relatar esta experiência, é necessário registrar que ela ocorreu nos dias que antecediam o Natal de 2011, em um momento em que as famílias e a sociedade viviam os efeitos da crise, algo que era muito aparente e palpável para as crianças, dado o perfil social da nossa localidade. Por isso, a começar pela escola, insistíamos em alternativas que não implicassem custos adicionais e que, ao mesmo tempo, mostrassem às crianças a possibilidade de usar o que já tinham.

Depois da leitura do livro *Troco*,[2] de Roberto Castro e Margherita Micheli, publicado pela OQO Editora, os alunos ficaram muito interessados

---
2 N.T.: *Cambalacho*, em tradução livre.

nesse tipo de transação que não precisa de dinheiro. Vimos que essa foi e ainda é uma forma de troca de bens muito utilizada em algumas sociedades, motivo pelo qual apontamos suas vantagens e desvantagens.

Gostamos tanto da ideia que combinamos em fazer um "mercado de troca" no qual trocaríamos pequenos objetos de baixo valor econômico: figurinhas, desenhos, lápis, poemas, adivinhas etc. Estas foram as etapas:

1. No dia combinado, depois de informar as famílias por meio de bilhetes e do *blog* da sala, todos trouxeram os objetos de troca, que foram apresentados ao grupo com suas utilidades e qualidades. Em seguida, eles etiquetaram o "lote" com número e nome, para ficar exposto na mesa onde poderia ser admirado pelos interessados em possíveis trocas.
2. Verificamos que havia equilíbrio entre os objetos de troca, de maneira que substituímos os que não eram proporcionais aos restantes.
3. Depois da observação e da tomada de decisão individual pelo interesse de troca, sorteamos o turno de trocas para evitar que as crianças mais tímidas fossem desprezadas.
4. O interessado pegava o seu objeto e dizia "*Troco... pelo/pela... de...*"; e o que foi interpelado responde, como acontece no livro: "*Troco! Trato feito!*" ou "*Não tem troca!*".
5. Com um aperto de mãos se realiza o intercâmbio de objetos e a troca é selada, sabendo-se que é irreversível.

Fio 18. Sendo gente pequena

Depois do início com duas tentativas malsucedidas de troca, pensamos que isso não funcionaria em virtude do apego que cada um tem às suas coisas, mas foi apenas uma impressão inicial equivocada, pois a troca aconteceu de forma extraordinariamente ágil e satisfatória para os participantes, que pediram uma nova sessão. Também se discutiu a possibilidade de fazer como a ovelha Catarina da história: com os mesmos objetos, realizar a troca em várias ocasiões. Inclusive, alguns objetos poderiam retornar aos seus donos iniciais depois de terem passado por diferentes mãos.

Com efeito, isso foi algo pontual, que se somou a outras muitas iniciativas de troca que surgiram em distintas cidades e vilas, mas, pelo menos, acreditamos que foram mostradas às crianças e às suas famílias outras alternativas de consumo.

Para mais informações:
https://innovarteinfantilesp.wordpress.com/2011/12/17/el-trueque

Votando como as pessoas mais velhas

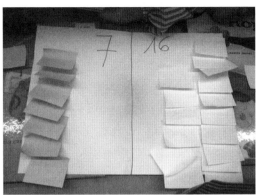

Os pequenos percebem o bombardeio midiático na política, reconhecem alguns políticos, e normalmente vão às seções eleitorais acompanhando os seus pais para depositar o voto na urna, embora, na realidade, não saibam para que serve esse voto, já que não corresponde à maneira como habitualmente se vota na sala de aula, levantando-se as mãos.

Assim, depois de uma menina dizer que no domingo votaria com os seus pais, quisemos exemplificar o procedimento de votar e o significado desse direito do cidadão; por isso, estabelecemos que haveria a eleição de uma história para o momento da leitura. Separamos dois livros, cada um deles cheio de papéis adesivos de diferentes cores. Preparamos uma mesa eleitoral presidida pela professora e cada criança pegou sua carteirinha, em que constava sua foto, seu nome e sobrenome e sua impressão digital. Em ordem, realizaram sua escolha e votaram. Finalizada a votação, os votos foram colocados sobre um painel para, logo depois, serem contados e determinar o ganhador.

Essa pequena atuação fez com que as crianças compreendessem o significado das eleições, momento em que cada cidadão manifesta a sua escolha, e ajudou-as a ir além do mero ato, quase festivo, de serem apenas acompanhantes da sua família.

Nos três exemplos que apresentamos, por meio de pequenos gestos, conectamos os meninos e as meninas com a realidade social, com aquilo que ocupa ou preocupa as pessoas mais velhas.

__ **Fio 19**. Manifestando gratidão__

Uma das práticas constantes com os nossos alunos é acostumá-los a manifestar gratidão por todas as pessoas que têm gestos ou palavras de atenção para com eles. A nosso ver, eles não podem ignorar as atenções dos seus colegas, das famílias, das pessoas da escola ou de outras com as quais se relacionaram em dado momento; é preciso dedicar a elas tempo e afetuosidade. Tudo na educação requer uma interiorização, um exercício constante e referências que sirvam de exemplo. Em alguns casos, um sorriso, uma piscadela ou uma palavra podem ser suficientes; em outros, um cartão, uma mensagem, um bilhete em um momento especial ou uma produção pensada especialmente para essa pessoa.

Na experiência que mostraremos a seguir, mantivemos contato com um escultor após visitá-lo pela primeira vez em sua oficina, e, na segunda visita, entregamos a ele um presente muito especial.

Os fios da infância

Visita ao estúdio do escultor Ramón Conde

Sempre tratamos de aproveitar as oportunidades desconhecidas que surgem nos arredores da escola; na maioria das vezes, porque não somos partidárias de deslocamentos longos e porque estamos convencidas de que é preciso ajudar as crianças com as quais trabalhamos a descobrirem o que as rodeia. Então, como várias crianças haviam visto no fim de semana, em um centro comercial de Santiago de Compostela, as obras de um renomado escultor galego, conhecido por suas obras desproporcionais, buscamos mais informações na internet e descobrimos que a oficina dele situava-se no mesmo setor industrial onde está a escola. Entramos em contato com o artista, que, muito amavelmente, convidou-nos a conhecê-lo.

Infelizmente, as condições climáticas nos obrigaram a suspender a visita em duas ocasiões. Até que um dia, depois de consultar a previsão meteorológica pela agência MeteoGalicia, que anunciava um céu nublado, decidimos nos arriscar e iniciar os preparativos.

Graças ao fato de ele contar com um *site* muito completo e atualizado, pudemos ver fotografias de Ramón Conde, para sermos capazes de reconhecê-lo quando chegássemos lá, além de conhecer mais sobre sua biografia e sua obra. Depois da observação de três das suas obras (*Hombres montaña*, *Miradas* e *Paternidad*), surgiram as primeiras perguntas: Por que

Fio 19. Manifestando gratidão

ele faz as figuras tão excessivamente gordas? Nunca esculpe mulheres? Por que todos têm a cara tão brava? Todos são calvos porque o escultor é calvo? Ficamos à espera de que ele respondesse a essas e a outras questões.

Em contrapartida, era necessário preparar o trajeto a percorrer. No Google Maps, situamos a escola (A) e o endereço da oficina (B). Soubemos que somente 600 metros nos separavam: de carro, demoraria dois minutos, e, a pé, sete. Estimamos que, para nós, demoraria um pouco mais, razão pela qual decidimos cronometrar. Fizemos os cálculos para saber a hora de saída para estarmos lá no horário combinado, meio-dia. Observando o mapa no GPS, analisamos a dificuldade do trajeto: rotatórias, faixas de pedestres, ladeiras, pontos de referência etc. Além de publicar as informações disponíveis para as famílias no *blog* da sala, preparamos uma nota informativa à qual juntamos o plano e outras questões, como a vestimenta, o calçado recomendável e até o tipo de café da manhã que fornecesse energia suficiente para o percurso. Tudo preparado cuidadosamente, conscientes de que viveríamos uma oportunidade inesquecível.

Quando as crianças chegaram pela manhã, notamos que estiveram vendo com seus pais as informações no *blog* da sala, porque trouxeram mais perguntas, tanto sobre a vida do escultor como sobre a sua obra. Queriam saber quando começou a esculpir, por que, em que pensa quando esculpe, se faz desenhos prévios. Para algumas das perguntas, encontramos a resposta em sua biografia, e, para outras, deixamos que o próprio artista respondesse.

Iniciou-se a caminhada com o plano em mãos. Fomos comprovando tudo o que já havíamos visto na pesquisa virtual: chegada em 17 minutos, com passos rápidos (sempre gostamos de comprovar se tudo que se diz na internet está correto). A recepção e a acolhida que Ramón Conde e suas colaboradoras nos dispensaram não poderiam ter sido mais animadas. Chegamos ao galpão quase de modo reverencial, ao mesmo tempo que as crianças trataram Ramón como se fosse um conhecido. Foi um bombardeio de perguntas; todas queriam saber. Ele as escutou, sorriu, surpreendeu-se com o conhecimento que esses pequenos tinham sobre a sua vida e a sua obra. Disse-nos que era o primeiro grupo de crianças que visitava o seu ateliê. Para explicar-lhes como inicia suas obras, como as pensa, como as desenha, pegou um grande pedaço de massa de modelar e começou a fazer uma figura humana. As crianças criticaram que as esculturas sempre eram calvas, por isso, nesta que fazia, ele colocou cabelo. Foi moldando a figura em diferentes posições até que todos concordaram sobre qual seria a definitiva. Ele colocou uma pomba em uma das mãos, erguida para o céu. As crianças diziam que se tratava de um homem pedindo Paz. Como voltaram a insistir na ideia de que ele não fazia mulheres ou mães, Ramón criou uma figura feminina (a mãe), sobre a qual apoiou a outra mão. Então, ele ofereceu às crianças a possibilidade de completar a escultura. Houve quem quisesse fazer o bico da pomba, já que não tinha; houve quem quisesse cobrir uma rachadura nas costas ou colocar mais musculatura nas duas figuras; houve quem pensasse que deveriam ser colocadas grama e flores na base da escultura.

Enquanto todas as crianças intervinham na escultura de massa de modelar, Ramón e sua ajudante Chus estavam ocupados, preparando uma grande mesa coberta de folhas de jornais; em seguida, entregaram um pedaço de argila para cada criança, sem lhes dar indicações do que fazer. Então, elas passaram um bom tempo desfrutando da tarefa. Alguém perguntou se o artista amassou à mão toda a argila de que precisou para uma das suas gigantescas esculturas, e ele, então, mostrou-lhes uma amassadeira, que, como uma máquina industrial de churros, produz "superchurros" de argila amassada, após uma alavanca ser acionada. As crianças ficaram animadas para tentar. Enquanto isso, outras crianças se movimentavam com total liberdade pelo ateliê lotado de esculturas de todos os tamanhos, parando, rindo, surpreendendo-se diante de algumas delas.

No momento da despedida, convidaram-nos a voltar em outra ocasião, para pintar as esculturas feitas pelas crianças, que já estariam secas. As crianças também animaram o escultor a nos visitar na escola. Tiramos uma fotografia do grupo e voltamos satisfeitos, animados e felizes.

Fio 19. Manifestando gratidão

Ramón Conde, com sua humildade, sem discursos eloquentes sobre arte, com sua proximidade, deu-nos uma aula mágica sobre como aproximar as crianças das artes. Não se trata de explicar técnicas às crianças, nem de confundi-las com discursos supérfluos, nem de pedir que coloquem títulos nas obras ou que relatem o que fizeram. Trata-se de fazê-las aproveitar e exteriorizar o que têm dentro de si; que aflorem sua criatividade; que apenas desfrutem manipulando, fazendo, expressando. Descobrimos que, além de ser um grande artista, Ramón é uma pessoa que transmite amor pela arte. Como toque final, as crianças concluíram que os rostos bravos das esculturas não tinham nada a ver com a serenidade, a simpatia, o rosto alegre e a postura do seu autor.

Agradecemos a Ramón Conde pela experiência inesquecível que vivemos em seu ateliê e a atenção que dispensou aos nossos alunos.

Primavera para Ramón Conde

Passados alguns meses, já na primavera, recebemos uma ligação da ajudante de Ramón, para nos lembrar da visita pendente. A alegria das crianças em imaginar que iriam ver o "amigo" de novo não deixava dúvidas do quanto foi significativa essa experiência.

Contudo, naquele momento, conversamos sobre o que poderíamos levar para demonstrar ao escultor nosso agradecimento por sua atenção.

Não foi fácil; surgiu um debate. Todos concordaram que deveria ser uma escultura, mas não entravam em acordo sobre a forma, o material e o significado dela. Por fim, a primavera parecia ser um tema que agradava a todos. Porém, como representar a primavera em uma escultura? Qual o significado da primavera? O que deve ser transmitido?

Cada um deu a sua contribuição: a cor do arco-íris, as chuvas de abril (águas mil),[1] o cheiro das flores e das plantas, o piar dos pássaros, o calor do sol, a alegria das crianças, os primeiros passeios pela praia, as cerejas de maio, as borboletas, um poema, os tojos e as retamas que colorem de amarelo nossas montanhas, o amor, os beijos, as palavras bonitas, isso é a primavera.

Acabamos criando uma escultura de potes de vidro que continham todos os elementos que nos remetiam à primavera e uma colagem com fotografias das esculturas que tiraram na primeira visita. Um novo debate e um novo estudo sobre a forma de montagem e um catálogo coletivo finalizaram a escultura poética. Com o desejo de que fosse do agrado do escultor, voltamos ao seu ateliê. Fomos recebidos como velhos amigos. Ramón Conde trabalhava em novas esculturas que, com certeza, logo veríamos em algum espaço público. Como novidade, viram o artista trabalhando com poliestireno expandido (isopor), que, em seguida, cobria com resina para fazer o molde que, por fim, daria lugar à escultura de fibra de vidro. Nessa ocasião, puderam ver todo o processo e o mistério dessas esculturas, que não pesam tanto quanto parecem.

Ramón qualifica a obra *Primavera* como arte conceitual, e disse que seria digna de exposição no Centro Galego de Arte Contemporânea (CGAC). As crianças, então, pegaram suas peças, produzidas na visita anterior, para pintá-las e levá-las para casa.

Em determinado momento, o escultor desapareceu misteriosamente e voltou com uma surpresa que tinha nos preparado: sua amiga, a conhecida e multifacetada artista Yolanda Castaño, a quem as crianças

---

[1] N.E.: provérbio sobre a temporada de chuvas.

Fio 19. Manifestando gratidão

reconheceram como a autora de *Punver*, o verme "*punk*", e, também, como a apresentadora de um programa em um canal regional de televisão.

Redes de agradecimento, um gesto amável quase sempre desencadeia outro. Isso é o que procuramos mostrar aos nossos alunos.

Para mais informações:

https://innovarteinfantilesp.wordpress.com/2011/11/09/visita-al-taller-de-ramon-conde-preparativos

https://innovarteinfantilesp.wordpress.com/2011/11/09/en-el-taller-de-ramon-conde

https://innovarteinfantilesp.wordpress.com/2011/11/09/homenaje-a-ramon-conde-la-madre-y-el-hijo-de-la-paz

https://innovarteinfantilesp.wordpress.com/2012/04/13/primavera-para-ramon-conde

Fio 20. Deixando marcas

Quando está se aproximando o final do ciclo, os meninos e as meninas se encontram em uma encruzilhada emocional, em grande parte induzida pela pressão dos adultos lembrando-os continuamente de que já são maiores, de que logo irão à escola do fundamental I e de que terão maior nível de responsabilidade. Isso gera nos pequenos sentimentos ambíguos: por um lado, desejam dar esse passo, que, de algum modo, os levará a entrar no grupo "dos grandes", e, por outro, a angústia da mudança, de deixar o conhecido, o cômodo e o que foi amado por eles.

Consideramos relevante prestar atenção nesse momento; assim, em outra seção, comentaremos alguns rituais de passagem que realizamos com eles para facilitar esse passo. Todavia, gostaríamos de destacar a marca que deixam na escola depois de três anos de vida aqui.

Ao longo dos anos, passam pelos centros educativos centenas de meninos e meninas, mas, em muitos casos, não fica nenhuma recordação do grupo além do que aparece nos registros ou do que cada professora guarda no coração. É claro que não estamos nos referindo às habituais fotografias de anuários das turmas de formandos, nem às fotografias dos festivais escolares, que, diga-se de passagem, acabam aumentando a pressão sobre os alunos, as suas famílias e os professores, sobretudo no momento da despedida, que deveria se caracterizar pela serenidade de viver conscientemente os últimos dias juntos.

As conversas, a verbalização do que preocupa cada um diante da mudança, a sensação de tranquilidade, a possibilidade de que nos visitem ou de que nós os visitemos no futuro facilitam essa situação, bem como saber que ainda que se separem como grupo, haverá momentos em que poderão se encontrar na nova escola. Todos que trabalhamos nessa etapa sabemos que, passadas algumas semanas no fundamental I, já não querem nem ouvir falar de voltar para a escola de educação infantil, contudo, nos momentos que antecedem esse fato, todos – por mais animados que estejamos – sentimos a vertigem da mudança.

Nesta seção, mostraremos algumas das experiências realizadas com diferentes grupos nesse momento tão relevante e, às vezes, tão pouco considerado.

Nós gostamos que o aluno deixe uma marca palpável na escola; não sabemos ao certo se é por eles, por nós mesmos ou pela memória da instituição. De qualquer maneira, queremos que, se alguma criança volta à escola como visita ou acompanhando um irmão, encontre algo palpável que saiba tratar-se de uma recordação do seu grupo. Em algumas ocasiões, poderá ser uma árvore; em outras, uma escultura (como em "Milladoiro 11_14"), uma plantação ou uma intervenção plástica.

Plantando para os que vêm depois

Desde o outono, havíamos guardado na sala algumas abóboras que, pouco a pouco, foram secando, outras estragando, ao passo que algumas

Fio 20. Deixando marcas

ficaram intactas. De vez em quando, sacudíamos as secas para balançar suas sementes. Quando chegou a primavera, abrimos as abóboras para ver o que encontrávamos. Descobrimos que tínhamos sementes que encheriam a escola de abóboras se conseguíssemos que elas nascessem e crescessem.

Ao procurarmos informações na internet, assistimos a um *time-lapse* [ver nota na p. 122] que resumia o longo processo da plantação até a colheita, e aprendemos que as abóboras precisam de terrenos úmidos, ensolarados e amplos para crescer. Como recentemente haviam cercado uma área externa, a qual contava com todos esses requisitos, decidimos plantar nela as sementes, mesmo sabendo que demorariam três meses para dar frutos, o que ocorreria por volta de setembro ou outubro, quando o grupo já não estaria mais na escola, pois teria passado para o fundamental I. Contudo, gostamos da ideia de plantar para os que viriam depois, deixando um pequeno presente que serviria para unir o grupo que sai ao que vai entrar.

São esses pequenos gestos que gostamos de incutir em nossos alunos: a generosidade, a transmissão de uma responsabilidade, deixando marcas para a memória. Antes, alguns fizeram isso conosco, e agora é bom que as crianças façam o mesmo para outros. Saber esperar e, inclusive, não esperar nada além de tornar a vida mais agradável para os que vêm depois. Para nós, essas são algumas das vivências mais importantes que podemos compartilhar com os meninos e as meninas na escola de educação infantil. Apressar o tempo faz sentido para a técnica *time-lapse*, porém, o que é valioso sempre requer esperar.

Para mais informações:
https://innovarteinfantilesp.wordpress.com/2015/05/26/sembrando-para-los-que-vienen-detras

Assinaturas, rubricas e impressões digitais

Continuando o nosso empenho para que entendam que são pessoas únicas e que não se repetem, já nos últimos dias do curso mostramos aos alunos duas características pessoais que os tornam diferentes de todos os demais: sua assinatura e suas impressões digitais.

Na educação infantil, é uma conquista quando os alunos reconhecem o seu nome entre os demais e quando são capazes de escrevê-lo. Como, a essa altura, todos podem fazê-lo, quisemos ir um pouco além e falar das assinaturas, algo que não está distante deles, uma vez que, em muitas ocasiões, haviam visto pessoas assinando um documento (médicos, em bancos, em supermercados ou em situações mais inesperadas, como no caso de seus esportistas ou artistas favoritos). No entanto, até o momento, nunca lhes havia sido pedido que assinassem.

Por isso, em primeiro lugar, buscamos na sala documentos assinados: comunicados da escola, bilhetes dos pais, dedicatórias em livros e quadros, e perguntamos por que foram assinados. Buscamos informações e imagens na internet e vimos muitos tipos de assinaturas: legíveis, ilegíveis, com ou sem rubrica, com símbolos etc. Mostramos a

Fio 20. Deixando marcas

eles como nós mesmas assinamos, conforme seja algo muito importante ou mais informal. Em seguida, perguntamos como seus pais assinavam; para tanto, enviamos um bilhete para casa, pedindo que os membros da família o assinassem. Insistimos na ideia de que a assinatura é algo que nos personaliza e nos diferencia dos demais, antecipando-lhes que, dali em diante, haveria muitas ocasiões em que lhes pediriam suas assinaturas – por exemplo, para o documento de identidade ou na escola do fundamental I –, de modo que seria interessante que fossem pensando nisso e praticando, para chegar a uma assinatura que conseguissem fazer sempre parecida. Isso, bem sabemos, é complicado para eles, o que não nos impede de ensiná-los.

Ao mesmo tempo, falamos de outra forma de assinar: com a impressão digital; seus usos, a razão da sua utilização e como se pode identificar uma pessoa pelas linhas traçadas na pele de seus dedos.

Depois de alguns dias de testes, sobre uma tela, todos assinaram o nome, com a rubrica e também com a impressão digital, deixando, assim, mais uma obra de recordação da sua passagem pela escola, de um grupo composto por 25 pessoas únicas e diferentes. Mais um trabalho em nossa trajetória, sempre apostando nos pequenos gestos que nos ajudam a reconhecer nossa individualidade, somada ao valor de fazer parte do grupo.

Para mais informações:
https://innovarteinfantilesp.wordpress.com/2015/06/05/firmas-rubricas-y-huellas-dactilares

Intervenção artística final: arte escorrida

Andávamos dando voltas sobre o que faríamos para fechar o ciclo, pois queríamos algo coletivo em que todos participassem e que ficasse como recordação da passagem da turma pela escola. A solução veio de uma colega, que nos mandou um vídeo de uma intervenção do artista Holton Rower, conhecido por suas obras de arte escorrida (*tall painting*), que, *grosso modo*, consiste em derramar tinta sobre uma estrutura, obtendo como resultado uma pintura-escultura com efeitos fascinantes de cores.

Para nós, era a maneira perfeita de fazer algo lúdico, artístico e memorável; então, colocamos mãos à obra. Tivemos que solicitar ajuda para a montagem da plataforma, que fizemos em três formatos e materiais diferentes, dado que desconhecíamos quais eram os empregados pelo artista: chapa de madeira laminada, aglomerado e alumínio envernizado, que serviram de base para a tinta acrílica. Versões em escala com têmpera, elaboração das misturas de cores e ensaios para a intervenção final foram as prévias.

Fio 20. Deixando marcas

Depois do processo, com o resultado final, vemos imagens quase hipnóticas, que, para nós, são como uma metáfora do efeito da educação sobre as crianças. Camadas e mais camadas se sobrepõem, movimentam-se, movem as anteriores, empurram e deixam uma marca mais ou menos visível, porém presente; camadas que, em um degrau ou outro, deixam-se ver, que se ampliam, formando uma linda composição, diferente de cada ângulo de visão.

Do nosso ponto de vista, como professoras, também podemos entendê-lo como a marca inesquecível que cada criança deixa em nossa história docente, que se configura graças aos grupos que passam por nossas mãos.

Para mais informações:
https://innovarteinfantilesp.wordpress.com/2012/06/22/intervencion-artistica-final-tall-painting

Fechamento do trabalho

As pessoas que conhecem trabalhos artesanais com fios sempre olham com atenção o começo e o fim dele. Um arremate ruim pode estragar todo o trabalho, que poderia acabar desfazendo-se por esse ponto defeituoso. Por isso, deve-se tomar muito cuidado com as últimas voltas dos fios, atando-os muito bem, para que permaneçam unidos com segurança e nunca se soltem, não obstante a manta passe pelas mãos que passam em sua vida.

Assim, da mesma maneira que a tecelã de mantas, as professoras de educação infantil devem cuidar dos últimos passos dos alunos, libertando angústias, despertando a imaginação para o novo, acompanhando-os à escola de fundamental I e apresentando-os como as pessoas maravilhosas que são.

Apresentando nossas credenciais na escola de fundamental I

Com todos os grupos, chega o momento em que temos que iniciar nossos rituais de despedida, facilitando às crianças a passagem para a escola de fundamental I. Elas vivem esse momento como o trânsito de uma idade infantil para outra maior na infância. Sabem que é um dos sinais do seu crescimento, ainda que tenham sentimentos ambíguos: por um lado, sentem-se cômodas e felizes na escola de educação infantil, por outro, ao mesmo tempo, querem viver a experiência de ir à escola dos "grandes", aceitando, inclusive, perder os privilégios que aqui desfrutam em razão de serem maiores. Então, acreditamos que é também nosso trabalho preparar sua chegada, apresentando-as ao novo colégio e mostrando a elas que, depois do verão, chegará o seu novo contexto de vida escolar. Por isso, entendemos a visita à escola de fundamental I quase como uma cerimônia. A preparação do itinerário, a elaboração dos presentes para os anfitriões, a realização do percurso que nos separa, a recepção e a permanência naquele local devem ser feitos com cuidado e, claro, adaptados à idade e aos sentimentos dos pequenos.

Isso posto, qualquer leitor poderia pensar que relataríamos uma visita à escola do fundamental I; de fato, isso também, todavia – e sobretudo –, trata-se de uma reivindicação da individualidade, da diferença e da singularidade de cada menino e menina que formam um grupo. Pretende ser uma chamada de atenção para que não se entendam os grupos como blocos de pedra, como uma única rocha com alguma fissura diferente. É bastante comum que se fale dos grupos classificando-os de acordo com seu número e sua complexidade, que é dada pelos alunos com necessidades educativas específicas (etnias, raças, síndromes, deficiências, situações de risco etc.), e é também sabido que nenhum(a) professor(a) elege esses grupos complexos como sua primeira opção.

Para nós, depois de permanecer três anos com essas crianças, é complicado que esse leque de personalidades, de qualidades, de marcas de caráter, de inteligências, de pontos fortes e fracos fique ofuscado por uma descrição tão reducionista e simplista como as que transmitem os relatórios pessoais ou de fim de ciclo. Por isso, aproveitando a visita à escola de fundamental I, e por meio de um presente (uma intervenção plástica), quisemos fazer uma metáfora do grupo como a soma de muitas individualidades.

Relataremos a nossa maneira de entender a apresentação das crianças como um ato de afirmação da sua singularidade, muito além do que podem proporcionar todos os documentos, todos os protocolos e todos os tópicos mais comuns.

Acreditamos que, se qualquer um de nós tivesse que se apresentar diante de uma pessoa com quem vai conviver pelos próximos seis anos, provavelmente,

Fechamento do trabalho

no primeiro momento, não lhe mostraria um documento. Com toda a certeza, falaria sobre quem é, como é, seus gostos, seus passatempos, suas inquietudes e o que outras pessoas dizem dele(a). Por isso, quisemos que elas se apresentassem como as pessoas que são. Por esse motivo, decidimos elaborar uma carta de apresentação na linha do que viemos fazendo nesses três anos: um quadro composto por 25 caixas, todas diferentes, todas com formatos distintos e com diversos sistemas de abertura. Como cada uma delas é única, formam um conjunto artístico e, além disso, as crianças compõem um texto:

"Apresentando-nos: somos mais do que um grupo de meninas e meninos; somos 25 pessoas únicas, extraordinárias, especiais, diferentes, que não se repetem, maravilhosas e singulares. Assim somos, somos assim."

Dentro de cada caixa, uma descrição de si mesmo(a), feita por cada menino e menina, uma carta de seus familiares falando do(a) filho(a), e um autorretrato. Não há muito mais que se possa dizer que forneça tantas informações sobre eles e que revele tanto sobre cada um.

Quando colocamos as mãos na massa, pensamos que teríamos que esboçar o perfil de cada um deles. Ainda assim, decidimos fazer um teste em pequeno grupo e pedimos a eles que contassem o que diriam de si mesmos para que suas novas professoras pudessem conhecê-los. Então, fomos escutando: *"Eu sou [...], sou muito divertido, gosto dos tratores e dos caminhões e das batatas fritas"*; *"Me chamo [...], gosto dos livros sobre dinossauros e vejo o canal de desenhos animados Clan"*; *"Eu sou [...], sou marroquino, fui ao Marrocos no ano passado ver a minha avó, e não como carne de porco como vocês"; "Eu sou [...], sou muito bonzinho, apesar de ter quebrado o braço duas vezes e apesar de brigarem muito comigo; gosto muito de bife e de batatas"; "Eu sou [...], sou boazinha e bonita, gosto que me deem abraços, sou muito alegre e gosto de olhar pela janela"; "Eu sou [...], viajo muito com meus pais para ver nossos familiares, vamos a muitos casamentos e, às vezes, a enterros de primos".* Ficamos emocionadas e admiradas que cada menino e menina saiba falar de si mesmo, de seus pontos fortes e fracos, seus gostos e seus passatempos. Parece-nos tratar-se de uma afirmação de sua personalidade e de sua singularidade. E, nesse momento, ficamos plenamente conscientes do trabalho desenvolvido ao longo desses três anos. Aqui, vimos um resumo de tantas leituras, tantas conversas, tanto trabalho sobre o emocional, a diversidade, a autoestima etc.

Também enviamos um recado às famílias, explicando o que estávamos fazendo e solicitando sua colaboração por meio de uma carta em que apresentassem seu(sua) filho(a) para os novos professores. Quando as cartas chegaram, foi encantador ler o que os pais diziam sobre as crianças e ver a reação delas ao escutar e ao ver que todos os colegas também escutavam. Nessas cartas, nas entrelinhas, também se podiam ler muitos temores de alguns pais, sabendo que as características dos seus filhos poderiam ser uma desvantagem. Foi especialmente comovente a apresentação que os pais de um menino fizeram: *"[...] mesmo que, às vezes, seja muito inquieto e agitado, é muito generoso. Deem a ele uma oportunidade e verão que ele tem um coração de ouro".*

Com certeza, ninguém que lê isso poderá ter a dimensão concreta da nossa emoção, porque apenas nós sabemos o que há por trás de cada um desses textos. Seria ótimo compartilhá-los, mas essas imagens estão dentro do que entendemos como intimidade do grupo e como dever de confidencialidade profissional; entretanto, qualquer um pode imaginá-los ou supô-los.

O autorretrato completou a apresentação.

Cada um selecionou a caixa que quis e a decorou a seu gosto. Depois, chegou o momento da montagem. Tivemos que calcular a medida do suporte necessário para expor as caixas, de modo a permitir a abertura

Fechamento do trabalho

de cada uma: 70 x 70. Em seguida, juntamos a elas o texto e o nome de cada um, pintamos o painel, colamos as caixas com silicone e, por fim, colocamos as apresentações dentro delas.

Feito o quadro, quisemos que ele fosse acompanhado de uma carta nossa, dirigida ao tutor ou tutora do fundamental I, em que se explicava a intencionalidade desse presente.

Como gesto de vínculo entre a vida na escola de educação infantil e a nova vida no fundamental I, entregamos a eles um objeto muito querido por todos nós, o galo de Barcelos, presente de um menino da sala por ocasião de uma visita que realizou a Portugal com sua família, e que, ao longo desses anos, havia anunciado o tempo todos os dias. Assim, na nova escola, o galo poderia continuar antecipando às crianças se poderiam brincar fora, se poderiam ver o sol, se o dia estaria nublado ou se choveria, e, claro, seria um presente que lhes faria lembrar de onde vieram.

Embrulhamos o presente, todos o assinaram e, depois da caminhada – fomos a pé, já que não é longe e é um passeio bastante prazeroso –, entregamos o pacote, orgulhosos e emocionados.

A escola de educação infantil e a de fundamental I ficam em extremos opostos da zona industrial que impulsionou o crescimento da nossa cidade, por isso, tratava-se de percorrer somente algumas das ruas que a atravessam e, também, uma trilha que cruza o bosque.

Depois de um trajeto de poucos minutos, que havíamos preparado previamente com o Google Maps, analisando todas as faixas de pedestres que teríamos que cruzar e os pontos de referência que nos indicariam se estávamos no caminho certo (comércios, árvores ou esculturas), saímos da zona industrial; a partir daí, o passeio tornou-se mais prazeroso, já que se estendeu em meio aos arvoredos. Pode parecer curioso, porém, apesar de muitas crianças terem irmãos matriculados na escola de fundamental I, nunca haviam feito esse percurso a pé. Para nós, foi muito importante que se dessem conta da distância que nos separava, que aproveitassem o percurso e que desfrutassem dele, admirando a exuberante vegetação, que, no mês de junho, é uma explosão de cores, cheiros e sons.

Ao final do caminho, quase de repente, deparamo-nos com a escola de fundamental I. Nossos alunos se alvoroçaram tal qual os peregrinos que vemos passar todos os dias em frente à nossa escola, quando, já na última etapa do Caminho de Santiago, em nossa localidade, ao dobrar uma rua, veem ao fundo, mas bem próximas, as torres da catedral de Compostela.

Aqui, faremos alguns apontamentos sobre as recomendações que fazemos aos responsáveis das escolas anfitriãs de fundamental I. Sempre insistimos que a nova escola que vai receber as crianças não proceda como se tratasse de uma visita institucional de uma embaixada. Não faz falta mostrar todas as instalações e as riquezas da escola. Não é preciso passar uma manhã inteira matando o tempo, nem faz falta projetar vídeos promocionais. Sentido e sensibilidade é que fazem falta. É necessário tão somente que as crianças vejam que há uma relação de respeito e proximidade entre os professores das duas escolas já desde o momento em que se cumprimentam e se apresentam. É preciso que elas percebam que são esperadas, que sintam que ali serão atendidas com carinho. E isso, sempre falamos, é o mais difícil, porque ou essas coisas são naturais, ou não há protocolo que possa fingi-las. Todos já tivemos a experiência de sermos recebidos em uma casa por obrigação ou com carinho e afeto. Pois essa situação é igual. Se recebemos ou nos recebem para cumprir um protocolo, e se entendemos ou entendem isso como uma atividade que não se pode mudar, será mais uma das muitas rotinas que não têm sentido.

É comum que na nova escola haja irmãos (amigos, vizinhos) das crianças que estão chegando. Eles são o melhor comitê de boas-vindas, pois sabem o que gostam de mostrar na escola, sabem como agradar os visitantes. Uma acolhida carinhosa (dos alunos e dos professores), uma pequena atividade na sala ou na biblioteca; compartilhar a hora da merenda e algumas brincadeiras com os alunos já podem ser ações suficientes. Nada mais faz falta; a questão é que percebam que ali vão estar bem, e que, definitivamente, é disso que se trata. Os departamentos de orientação, as coordenações e as equipes de turmas deveriam ser os encarregados de planejar essa atividade, que, obviamente, tem que ir além da visita, já que, em algum momento, terão que se sentar para falar sobre os novos meninos e meninas que entram na escola. Não deveríamos reduzir essa etapa a um mero trâmite burocrático de trocas de informes.

Nesse momento, às vezes não se sabe quem será a pessoa responsável pelo grupo, mas isso não é o mais importante dessa visita. Nessa ocasião, são as crianças que conhecem a escola, e, depois, providenciaremos nosso encontro com essa pessoa. Vale destacar que evitamos fazer isso nos primeiros dias do novo curso, pois não gostamos de condicionar o olhar de um(a) colega. Preferimos que se situem com o grupo e, passadas algumas semanas, acertamos uma reunião em que já poderemos trocar impressões. Assim o fizemos, e, no mês de setembro, voltei à escola para conhecer e conversar com a nova professora do grupo pelo qual fui responsável na educação infantil. Ela me convidou a passar na sala e a cumprimentar as crianças, que me mostraram onde haviam colocado o quadro das caixas e o galo de Barcelos. Minha colega professora confessou que, ao chegar à escola – ela também era nova ali –, e depois da sua atribuição à turma, mostraram a ela o quadro com as caixas, cujo conteúdo leu com curiosidade e, desse momento em diante, desejou conhecer a todos.

Era isso o que pretendíamos. Certamente, não teria havido esse sentimento se ela tivesse apenas

lido os relatórios. Com isso, não queremos dizer que esses documentos não sejam importantes, e sim que não devem ser a única forma de comunicação e apresentação das crianças porque, às vezes, apesar de utilizarem uma linguagem bastante asséptica – talvez por isso mesmo –, acabam indo contra os pequenos, de modo que é necessário complementá-los, ou, sobretudo, humanizá-los e personalizá-los.

Ao compartilhar o relato dessa experiência de vida, pretendemos insistir, mais uma vez, que por trás do "grupo A, B ou C", por trás das etiquetas, há pessoas que querem ser apresentadas como tal, que gostariam de ser reconhecidas como tais, com seus gostos, seus passatempos, suas habilidades, seus sentimentos, suas preferências e seus medos. Ter ou não esse tipo de compreensão será um fator determinante no processo de desenvolvimento vital das crianças.

Para mais informações:
https://innovarteinfantilesp.wordpress.com/2015/06/10/acogida-en-los-centros-sentido-y-sensibilidad
https://innovarteinfantilesp.wordpress.com/2015/06/05/presentando-nuestras-credenciales-en-el-centro-de-e-primaria
https://innovarteinfantilesp.wordpress.com/2012/06/08/las-expectativas-de-los-ninosas-sobre-el-paso-al-centro-de-primaria

A manta finalizada

Uma vez concluída a manta, é bom colocá-la à vista, para que todos possam apreciar sua beleza, antes que passe à mão de outras pessoas. A tecelã de mantas deve ficar sempre com uma imagem final da sua criação, que a faça recordar do tempo, do esforço, da imaginação e da criação nela investidos.

Intervenção artística final: as chaves estão na educação infantil

Ao longo dos três anos, mantivemos uma brincadeira com os nossos alunos em que se dizia que a professora tinha algumas chaves mágicas com as quais conseguia abrir-lhes a cabeça, o coração, os sentidos, o olhar ou o pensamento. Agora que se vão com tudo aberto, perguntamos a eles se não poderiam deixar conosco as chaves, para podermos ajudar outros meninos e meninas a abrirem-se. Diante disso, decidimos fazer uma intervenção artística como uma recordação ou metáfora dessa nossa brincadeira.

Costumamos dizer que a arte é uma linguagem que nos permite expressar ideias com outros recursos: os plásticos. É fundamental que compreendam que uma obra é uma forma de expressão, por isso, quando fazemos um trabalho artístico, não se trata de copiar obras de autores mais ou menos relevantes, e sim de outros modos de representar o mundo. Nesse caso, apesar da aparente simplicidade do resultado, tratamos o processo com muito cuidado, e tudo tem um significado.

Certa ocasião, combinamos que faríamos um quadro com as chaves mágicas que usamos. Foi escrito um bilhete para pedir às famílias que colaborassem conosco, doando chaves que já não utilizassem em casa, explicando-lhes que eram para a nossa última intervenção artística. Assim, juntamos cinquenta, de todos os tamanhos, modelos e formatos: grandes, pequenas, chaves de armários, de portas, de carros, tetra, de duas pontas, de segurança, de caixas, de portão etc.

Depois, fomos dizendo o que cada uma delas podia simbolizar: a chave com que abrimos os segredos, os olhos, os ouvidos, a bondade, a timidez, os sentimentos, a sensibilidade..., e, claro, uma chave pessoal, com a qual cada menino e menina se abriu. Escrevemos a função das chaves em cada uma delas.

No último dia, trouxeram-nos uma dessas chaves grandes e antigas (de um celeiro ou de um moinho), e decidimos que ela seria a chave-mestra, que pode abrir tudo.

Como suporte para as chaves, depois de algumas tentativas, separamos uma tela grande, na qual cada criança escreveu várias vezes seu nome com tinta aquarela, de maneira que, uma vez aplicada água, a cor de cada nome fez uma mistura com as demais, criando uma paleta multicolorida, em que os nomes permanecem visíveis por debaixo das cores. Como se pode supor, isso não partiu das crianças, porém, explicamos a elas a razão de termos feito isso. Tudo tem um motivo, é uma metáfora, e, assim, precisamos fazê-las ver isso.

Feita a montagem, buscou-se um título para ela. Escolhemos a proposta de uma menina que escreveu: "As chaves mágicas que abrem tudo".

A manta finalizada

Ao esvaziarmos a sala, recolhemos todos os trabalhos das crianças, os cartazes com os seus nomes, ficando tudo vazio e em branco de novo, para recomeçar com outros meninos e meninas. Elas sabem que esse quadro ficará conosco e que, cada vez que olharmos para ele, nos lembraremos de como foi abrir essas 25 pessoas que, quando chegaram à escola, ainda tinham muitas portas fechadas. Foi preciso apenas encontrar a chave adequada para conseguir que cada um nos mostrasse o que havia escondido dentro de si ou para que deixassem entrar as boas características com as quais agora vão equipados.

Para nós, esta foi uma das melhores metáforas visuais que realizamos, uma das mais cheias de significado e de vida. Além de ter um duplo sentido, inclui uma afirmação e uma reivindicação da nossa função profissional: que ninguém duvide de que as chaves estão na educação infantil.

Para mais informações:
https://innovarteinfantilesp.wordpress.com/2015/06/19/intervencion-artistica-final-las-llaves-estan-en-infantil

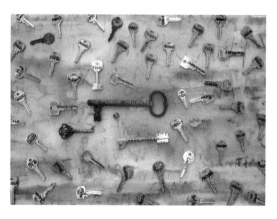

"Somos o que fazemos, mas somos, principalmente, o que fazemos para mudar o que somos."

Eduardo Galeano

Epílogo

O *blog* InnovArte Educación Infantil

InnovArte Educación Infantil é uma experiência continuada de sete anos letivos, cuja finalidade é a reflexão para a melhoria da escola de educação infantil e da atenção à infância

InnovArte é um fio invisível que une pessoas que compartilham um sentimento, algumas crenças e algumas expectativas sobre a educação da primeira infância, criando um sentido de pertencimento a uma comunidade virtual que supera fronteiras geográficas, facilitado pelo fato de compartilhar um idioma comum, espanhol e galego, já que se encontra em formato bilíngue.

A informação – toda de criação própria – aparece agrupada em 16 categorias, tanto referentes a atualidades, publicações, literatura infantil, trabalhos em sala com a ciência, a arte, a língua escrita, a música, como às tecnologias de informação e comunicação, entre outras, e procurando uma educação inclusiva em todos os sentidos: meninos e meninas, famílias, comunidade, professores, instituições etc.

O que pretende essa iniciativa – altruísta, independente e sem perspectiva de lucro – de duas professoras da educação infantil é defender uma escola de qualidade, que escuta os interesses dos meninos e das meninas, que trata de despertar sua curiosidade, que tenta movimentar seu pensamento, que quer colocar as crianças no centro de toda intervenção educativa, com vistas ao seu bem-estar físico, afetivo e intelectual, e que não se deixa arrastar por modas, procurando a autonomia e a capacidade de aprender a aprender.

InnovArte Educación Infantil tem como horizonte conseguir uma escola de educação infantil ativa e, ao mesmo tempo, serena, culta sem ser elitista, real, diversa, respeitosa, comprometida com a sustentabilidade, e, para isso, necessita de professores que leem, que refletem, que questionam a sua prática, que compartilham, e que, inclusive, rebelam-se, sendo capazes de apresentar argumentos consistentes.

A decisão de expor o nosso trabalho por meio do *blog* InnovArte Educación Infantil surgiu porque, nos dias de hoje, há pouquíssimas iniciativas institucionais e/ou privadas que ofereçam aos professores dessa etapa recursos para o trabalho diário e para a melhoria de sua competência profissional, em concordância com a filosofia dos quatro princípios básicos e indiscutíveis da Declaração da Unesco: *aprender a conhecer, aprender a fazer, aprender a ser, aprender a viver juntos – aprender a viver com os demais.*

Epílogo

Nossas escolas de trabalho

Trabalhamos no segundo ciclo da educação infantil, em duas escolas de duas localidades de Ames, um dos municípios [*ayuntamientos*, no original] com maior índice de natalidade da Galícia, limítrofe com Santiago de Compostela, razão pela qual foi lugar de afluência de casais jovens, por um menor custo de vida, e de famílias procedentes do estrangeiro em busca de trabalhos temporários nos complexos industriais da área. Pode-se dizer que a EEI[1] Milladoiro e o CEIP[2] Maía são dois exemplos magníficos do sucesso alcançado pela educação pública, sendo, ao mesmo tempo, protótipicos e singulares. Para contextualizar, faremos uma lista de apresentação desses dois "macrocentros", porque acreditamos que ajudará a entender os relatos de *Os fios da infância*:

- CEIP A Maía, escola com 9 unidades de educação infantil e 225 crianças, filhos de famílias com um nível cultural e econômico médio, com uma porcentagem significativa de famílias procedentes de outros países, quase todas de nível universitário – funcionários públicos, profissionais liberais ou autônomos –, já que se trata de uma localidade residencial com grande predomínio de conjuntos habitacionais de casas. É considerado um centro educacional de alto nível, segundo as Avaliações de Diagnóstico do INEE do Ministério.[3]
- EEI Milladoiro, escola para crianças de 3 a 6 anos, com 12 unidades de educação infantil que escolarizam 300 crianças, filhos de famílias com baixo nível cultural e econômico, com elevada presença de famílias procedentes de outros países, principalmente da América Latina, Magrebe e Europa Oriental. Por ser uma localidade com um complexo industrial em que podem encontrar trabalho temporário, configura um perfil de população "flutuante", que

---

1 N.E.: Escola de Educação Infantil.
2 N.E.: Colégio de Educação Infantil e Primário.
3 N.E.: Instituto Nacional de Evaluación Educativa, do Ministerio de Educación e Formación Professional, do governo espanhol.

pressupõe movimentos contínuos de matrícula, sendo o mais comum que possam entrar e/ou sair 2 ou 3 alunos(as) por unidade/ano, tendo que acolher crianças em qualquer momento do curso. Soma-se à sua complexidade uma porcentagem acima da média de crianças com necessidades educativas especiais, tanto físicas como psíquicas e/ou sensoriais.

Contam com um bom contingente de alunos e de professores. Carecem, todavia, da falta de espaços verdes para o tempo livre das crianças. Em nenhum dos dois centros educacionais se usam apostilas com os alunos da educação infantil.

São escolas de arquitetura moderna e funcional; na EEI Milladoiro, o projeto é do arquiteto Pedro de Llano, dedicado à memória de D. Gregório, o professor de *A língua das mariposas*.[4]

---

4 N.E.: *La lengua de las mariposas*, filme espanhol de 1999, cujo roteiro foi baseado no livro *¿Qué me quieres, amor?*, de 1996, de Manuel Rivas. A história se passa na região da Galícia, antes da guerra civil espanhola, e trata da relação aluno-professor. D. Gregório é um profissional que trata seus alunos com muito respeito, tentando ensiná-los para além do conhecimento formal escolar, por meio de passeios à natureza, por exemplo.

As tecelãs

Ángeles e Isabel Abelleira Bardanca são duas irmãs e professoras de educação infantil que, desde 2010, mostram o seu trabalho em escolas públicas galegas no *blog InnovArte Educación Infantil*, com o desejo de que a sociedade em geral conheça parte do que nelas se faz, já que o seu valor sempre fica escondido por detrás dos muros das escolas. As experiências nas salas, as reflexões educativas, as recomendações de leituras e muitas outras informações deram lugar aos mais de 1.100 *posts*, lidos por milhares de seguidores de toda Iberoamérica.

Foram agraciadas com vários prêmios de inovação educativa em nível autônomo (2001-2003); com o prêmio "Mestre Mateo" (2011), por suas colaborações educativas no âmbito audiovisual; com o prêmio "Franscisco Giner de los Ríos a mejora de la calidad educativa" (2012). Foram selecionadas para representar a Espanha pelo ciclo de 3 a 6 anos na I Red Iberoamericana de Inovación Educativa en Educación Infantil (2014); foram finalistas autônomas para o prêmio "Acción Magistral" (2015), convocado pela Fundación de Ayuda contra la Drogadicción (FAD); e, com o presente livro, vencedoras do XXXVI Prêmio de Pedagogia Marta Mata (2016). Desempenharam funções na administração educativa relacionadas à formação continuada, à organização e à inovação educativa, assim como à direção de centros educativos. Colaboram habitualmente em atividades de formação de professores, em assessorias educativas em diversos projetos e em publicações especializadas no tema da educação infantil.

Em *Os fios da infância*, reúnem algumas das experiências de vida que compartilharam com diferentes grupos de alunos, e, ao mesmo tempo, apontam quais são, no seu entender, os fios que se devem entrelaçar na sala de educação infantil para formar uma trama humana, sólida e afetuosa, que, como uma manta, agasalhe meninos e meninas no processo de desenvolvimento de sua vida pessoal e escolar.

Um livro que fala da vida real e da continuidade da escola de educação infantil para além das modas "inovadoras" e de outras discussões terminológicas que enchem papéis, mas que, por si só, não fazem pessoas.

Sobre o Livro
Formato: 16 x 23 cm
Mancha: 11,2 x 17,4 cm
Papel: Offset 90g
nº páginas: 224
1ª edição: 2018

Equipe de Realização
Assistência editorial
Liris Tribuzzi

Edição de texto
Gerson Silva (Supervisão de revisão)
Fernanda Fonseca e Roberta Heringer de Souza Villar (Preparação do original e copidesque)
Adriana Moura, Gerson Silva e Sophia de Oliveira (Revisão)

Editoração eletrônica
Évelin Kovaliauskas Custódia (Projeto gráfico, diagramação e adaptação de projeto de capa)
Eliezer Abrantes Rodrigues (Diagramação)

Fotografia
Acervo das autoras

Impressão
Edelbra Gráfica